TUDO É RELACIONAL

CAUSALIDADE NADA EXPLICA

VERA FELICIDADE
DE ALMEIDA CAMPOS

TUDO É RELACIONAL

CAUSALIDADE NADA EXPLICA

Labrador

Coordenação editorial Pamela J. Oliveira
Assistência editorial Vanessa Nagayoshi, Leticia Oliveira
Direção de arte Amanda Chagas
Capa João Schmitt
Projeto gráfico Vinicius Torquato, Amanda Chagas
Diagramação Dayane Germani
Preparação de texto Bruna Del Valle
Revisão Lígia Alves

Dados Internacionais de Catalogação na Publicação (CIP)
Jéssica de Oliveira Molinari - CRB-8/9852

Campos, Vera Felicidade de Almeida
Tudo é relacional : causalidade nada explica / Vera Felicidade de Almeida Campos. -- São Paulo : Labrador, 2025.
176 p.

ISBN 978-65-5625-988-8

1. Psicologia 2. Teoria do conhecimento 3. Comportamento humano I. Título

25-4037 CDD 150

Índice para catálogo sistemático:
1. Psicologia

Labrador
Diretor-geral Daniel Pinsky
Rua Dr. José Elias, 520, sala 1
Alto da Lapa | 05083-030 | São Paulo | SP
contato@editoralabrador.com.br | (11) 3641-7446
editoralabrador.com.br

Para Lidia,
vivência dinamizadora.

Sumário

INTRODUÇÃO

É o mesmo propósito de sempre. É querer estabelecer, na psicologia, conceitos e visões que possibilitem perceber e entender o indivíduo como ser humano, questão que para ser compreendida não começa e não termina em determinantes. Essa abordagem possibilita, naturalmente, novos referenciais para a psicoterapia. É uma maneira nova de perceber e pensar e, consequentemente, de filosofar: trata-se de perguntar e responder.

É preciso mudar a maneira de apreender o homem. Ele é a possibilidade de relacionamento, e isso é o que define seu ser. Essa é sua característica definidora, e ele não veio ao mundo com vocação, talento, intelectualidade, regras e ditames para seguir ou estabelecer. Entender e definir o ser humano como possibilidade de relacionamento muda radicalmente os pilares do pensamento sobre o homem, sustentáculos que vigoram nos últimos séculos fundamentando praticamente todas as noções e condutas voltadas para a compreensão e transformação de seu comportamento. Para desvendar e transformar uma estrutura humana — trabalho psicoterápico —, é preciso entendê-la em sua dinâmica processual. A esse ofício me dediquei desde o início de minha atividade como psicoterapeuta. Escrevi vários livros expondo desenvolvimentos conceituais da Psicoterapia Gestaltista, e durante esse processo foi se tornando cada vez mais claro o que entendo por relação. Obviamente não recorro a essa palavra como ela é usada no senso comum, tampouco como é empregada nas filosofias e ciências quando se referem a dois ou mais elementos conectados entre si, como nas categorias aristotélicas, pois relação, para mim, é a configuração do que existe enquanto dinâmica e posicionamento. Ela é tudo que nos situa e explica. Metaforicamente, relação é o panorama, é o plano, é onde se desenha. Os pontos, os encontros, as interseções revelam as relações.

No último capítulo deste livro, "Considerações sobre inúmeras questões", são desenvolvidos enfoques representativos dessa abordagem, com temas constantes na psicologia e no dia a dia da clínica psicoterápica. Alguns textos foram publicados anteriormente em sites e são aqui revistos e ampliados. É uma visão do comportamento humano, seus inúmeros aspectos explicados como decorrência das dinâmicas relacionais que os constituem.

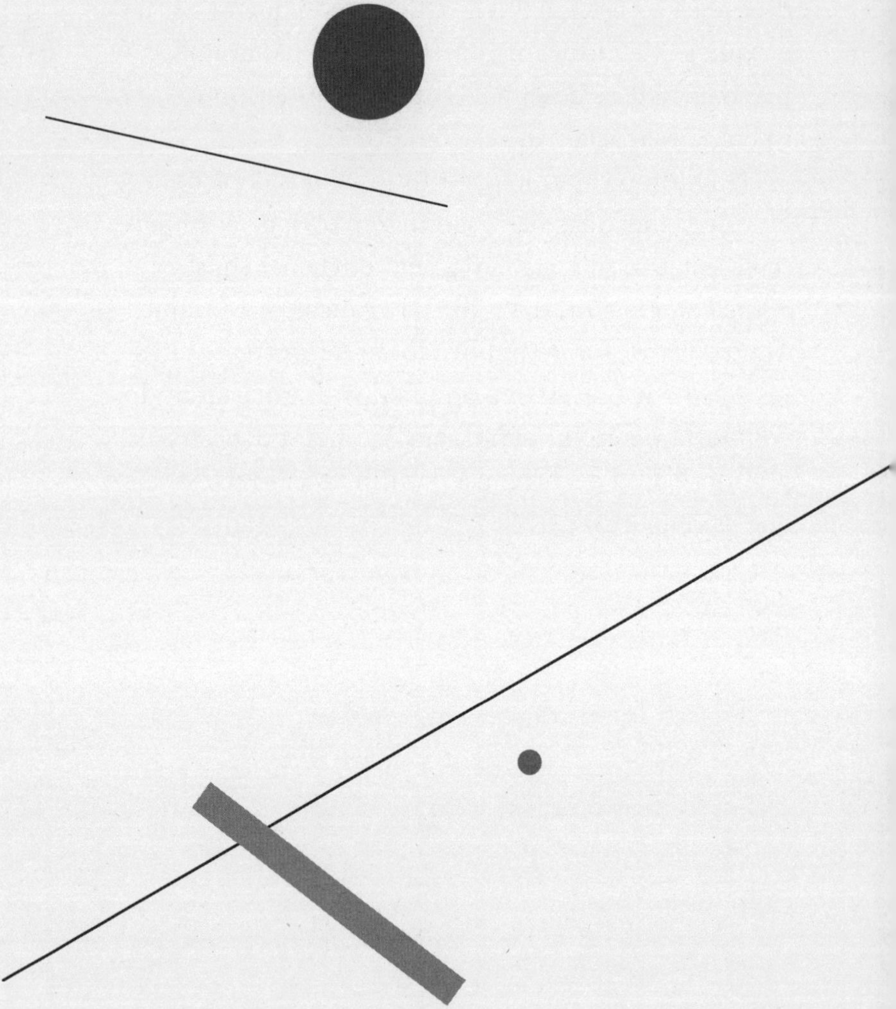

RETAS, PONTOS E EPISTEMOLOGIA

O ponto é a interseção de retas, a reta é a sucessão de pontos. Retas e pontos são conceitos fundamentais da geometria, tanto quanto se assemelham a certos *koans* budistas pela simultaneidade e pelos antagonismos implícitos. Perguntar o que é a reta significa, em certo sentido, descobrir o ponto, e deter-se nele é abranger a interseção de retas que o configuram. É encontro, é interseção, é parada. É o ponto caracterizado que surge. É a confluência de inúmeras retas, inúmeros pontos, inúmeras situações, e representa a marca, início a partir do qual se reconfiguram espaços e situações. Plano e espaço, que também são conceitos fundamentais da geometria, são redutíveis a pontos e retas, pois plano é uma sucessão de retas, um conjunto de retas lado a lado (portanto, um conjunto de pontos), e espaço é o alinhamento de planos colocados lado a lado e infinito em todas as direções. Os geômetras afirmam que esses são elementos indefiníveis, mas identificáveis em suas características, e que são tão fundamentais para a compreensão das formas existentes que sem eles não existiria geometria — estudo do espaço e das figuras que o ocupam. Cito essas noções por considerá-las visualizações que facilitam o entendimento das questões levantadas aqui. Elas são uma boa metáfora para entendermos relações. Explicitam a totalidade relacional, e fica evidente perceber que surgem polaridades e divisões quando são eleitas origens. Trabalhar com ramificação e decorrência é uma constante nesses casos. Essa pregnância do início, da origem, do ponto de partida possibilita organizar a dinâmica. A contingência do encontro, da interseção cria pontos, ou seja, cria marcas. Assim é no nosso cotidiano: é o tempo aprisionado e marcado por relógios e calendários. São referenciais de organização, mas dificultam a compreensão de nossos comportamentos. Psicologicamente, por exemplo, achar que tudo depende da educação, de ser rico ou de ser pobre, de ser bonito ou feio é quebrar dinâmicas relacionais ao posicioná-las, e, então, se determinar por meio dos considerados bons ou maus inícios, as origens.

Na filosofia, dizer que tudo começa na razão, no cogito, na ideia, no sujeito ou no mundo, no objeto é não açambarcar a totalidade de fenômenos do nosso mundo. Criar polarizantes, pontos de confluência e dispersão é arbitrário, apenas supõe apreender as infinitas variáveis processuais que nos situam e definem. Psicologicamente também é ilusório imaginar o ser humano como fruto de sua sociedade, de sua família, de sua educação, de sua cultura ou de seus processos orgânicos adaptativos e desadaptativos. A questão não é unificar a divisão. A questão é não ter divisão nos conceitos. Só assim pode ser percebida a continuidade do estar no mundo. Os hinduístas falavam em *vikalpa*, dizendo que eram as ideias ou opiniões errôneas influenciadas por emoções e desejos, ou seja, era a não apreensão do que acontecia enquanto acontecido. As contribuições pessoais, por meio dos desejos, das próprias ideias preconcebidas, das ilusões, deformam e distorcem o que acontece, impedem de conhecer o que está ocorrendo enquanto ocorrência.

Eles ainda falavam em *maya*, o mundo de ilusões, pois o mundo era percebido como separado do percebedor.

Estar vivo e percebendo é a relação que tudo configura e esclarece ou que distorce. Quanto mais posicionados, mais referenciais alheios ao que acontece são acrescentados e utilizados. Isso é feito pela memória, pelo desejo, pela meta ou objetivo, que funcionam como filtros responsáveis por distorções. É o que denominamos de autorreferenciamento, criador de posicionamentos, gerador de autoritarismo, prepotência, vitimização, despersonalização e medo. É urgente mudar, abrir mão de permanecer em pontos de partida, marcos de origem, seja na vida pessoal, seja na maneira de entender filosofia e ciência. Não existem pontos que devem ser ligados pelo caminhar para atingir. Existem a continuidade, a interseção, a caminhada. São processos que nos definem, e imaginar origem e início é secioná-los. Pensar sobre essas questões e suas discussões é o tema central deste livro. É necessária uma nova maneira de abordar o homem, de entender seu comportamento, sua trajetória. Nesse contexto, o importante aqui é exatamente acabar com qualquer ideia causalista, seja dentro da psicologia, da filosofia e da ciência ou nas vivências do dia a dia. O meu trabalho, em termos de conceito, é explicar que não existe causa, isto é, não existe uma causa biológica nem social, tampouco psicológica. Tudo é interseção, ou, em outras palavras, são conexões, relações entre as coisas. Nesse sentido, quando começo a fazer essas colocações, todas as explicações filosóficas, a Teoria do

Conhecimento com a classificação das visões teóricas em materialismo e idealismo, centradas no sujeito ou no objeto, centradas na natureza ou na consciência, na matéria ou no espírito, enfim, todas elas caem por terra, porque estão amarradas à ideia de início. Nos termos do materialismo e idealismo, antigamente se discutiam muito essas duas vertentes: aquela que afirma que o início não é a matéria, é a consciência, ou aquela que diz que o início não é a ideia, não é o sujeito, é o objeto. Hoje em dia, com a afirmação das várias ciências e a separação entre ciência e filosofia, esse debate ficou restrito aos círculos filosóficos.

Na realidade, não existem pontos de partida: nem o materialismo, nem o idealismo. É esse entendimento que proponho. Ao longo do meu trabalho e do que sempre pensei essa ideia esteve implícita, no entanto é uma ideia que levou muito tempo para ser explicitada, e não se trata sequer de derrubar um mito, mas, sim, de derrubar uma construção. A analogia que aparece aqui é a de um grande templo do saber, com construções magníficas, mas que fizeram perder de vista o local de construção, a própria terra, o próprio chão, quer dizer, as paredes escondem o chão, não revelam. São metáforas que nos ajudam a visualizar esse processo.

A partir de um ponto, passou-se a dizer que o início era a ideia e que a ideia era, por exemplo, o cogito cartesiano, a razão ou o intelecto, a mente, ou se dizia que tudo era a natureza, tudo era o biológico. Todas essas colocações partem da noção de início. Entretanto, o que deveríamos observar é que essas coisas que foram configuradas como início não passam de interseções de infinitas variáveis. O que é destacado nessas análises é o ponto de interseção, que é denso, forte. Se imaginarmos o espaço, sua sucessão de planos, de inúmeras retas se cruzando, quando algo é pontualizado, se torna pregnante e, assim, fala-se em razão, em medo, em espírito, matéria e substância, por exemplo. Mas, tudo isso que é pontualizado é interseção.

Este debate sobre causalismo e determinismo existe subjacente a todo o meu trabalho, e quando falo em relação estou de fato negando, ou considerando arbitrária, qualquer postulação de origem, de início, de começo, e isso vale para a ciência, para a filosofia, para a vida do ser humano. Quando se observa um indivíduo, se diz que tudo começa com a família, com a cultura em que ele vive, a sociedade onde está, o drama que sofreu, a sorte que teve, o século no qual ele nasceu. Essas são explicações correntes. Acontece que ele é uma interseção, um encontro de variáveis. Caberia às ciências específicas, no caso a antropologia, a biologia, a sociologia e a psicologia, apreenderem o que interage, o que se junta, o que se espessa. Atualmente, temos um exemplo muito importante do que é interação: a rede social. Imaginem se alguém resolver determinar como começou uma fake news ou como uma ideia começou a agradar ou a viralizar? Nada disso tem começo nem fim, é um conjunto de situações. Essa visão é como se estivéssemos saindo de um universo estudado pela física clássica e começássemos a aprender ideias quânticas, nas quais se estuda o entrelaçamento de partículas (cito o universo quântico apenas como uma analogia).

Minha preocupação com essas questões começou quando iniciei a crítica às visões dualistas. É mais ou menos sagrado para qualquer pessoa que estuda filosofia e que não vê suas colocações como dualismo, mas as vê como história da filosofia, estar sempre avaliando se uma determinada teoria parte de uma visão materialista ou de uma visão idealista. Observam também as afirmações sobre sujeito, objeto, razão, que são fundamentos, conceitos básicos na filosofia.

Nos meus escritos anteriores, quando eu falava na relação, eu trabalhava com a apreensão de dados e de situações, e não os reduzia aos elementos ou aos pontos conformadores (não se tratava de essência nem de resultante, tampouco de relação como um conceito). Acontece que sempre precisamos dos pontos, até, por exemplo, para falar da vida cotidiana tem o momento em que se casou, quando nasceu, o dia em que morreu, o tempo disso e daquilo; são pontualizações da existência, que vão configurando uma série de coisas. O objetivo aqui é mostrar que tudo é uma interseção, tudo é um encontro. Tudo pode ser determinado, mas não se pode partir desses encontros, desses pontos determinados, como se fossem origens ou inícios. É fundamental não perder de vista que o ponto é uma interseção de retas, ele não é um começo para estabelecer a direção *a-b* ou *a-c*. É simples, a analogia é essa: a reta é uma sucessão de pontos e o ponto é uma interseção de retas. Mas, quando pensamos, desenhamos ou escrevemos, vemos os pontos, a interseção de duas retas, e os denominamos *x*, *y* ou *a*, e começamos a trabalhar com um ponto de forma objetiva como o início do que se quer analisar. Ignoramos ou não vemos que esse ponto não é nada mais, nada menos, nem sequer diferente, dos outros pontos interseccionados. Em certo sentido, ao explicar que tudo é relação está implícito querer acabar com qualquer determinismo, com qualquer ideia de causalidade como explicação de fenômeno, de início, de ponto de partida. O importante é não se deter na ideia de início, não buscar origem, entender que o ser está no mundo, os acontecimentos estão aí. Porém, falar em acontecimento é uma outra grande complexidade, é falar de espaço, tempo etc. Em um caso específico, quando, por exemplo, tomamos o comportamento de uma pessoa, é comum se dizer que ele foi causado pelo gene, ou que foi causado pelo tipo de educação que ela teve, ou decorreu dos talentos, das vocações. A tendência com esse causalismo arbitrário é que, hoje em dia, já colocam a depressão como algo interno, orgânico. O medo volta também a ser interno, orgânico. A própria ideia de interno e externo é um fundamento básico nos estudos. As pessoas acreditam, e aqui falo do senso comum e também dos cientistas, psicólogos, filósofos, que existe realidade interna e realidade externa, que existe dentro e fora, enfim, é uma espacialização completa do conhecimento. Nessa espacialização, ninguém vai pegar o inefável, ou, quando pega, vai pegar como Aristóteles, a exemplo da enteléquia, ou vai pegar como alma, mente ou inconsciente. No entanto, é uma coisa tão normal e comum como o que está aí. Sem divisão de interno ou externo, o que existe se apresenta, percebido em sua totalidade, se evidencia.

Ao enfatizar a relação, a configuração, a conexão, o importante é deixar claro que ela não pode ser vista como um ponto. Como hipóteses auxiliares para compreender essa colocação, uma que eu considero muito interessante é a frase de Brentano quando diz que não interessa o substantivo, o que interessa é o verbo, então não é o amor, é o amar, não é o estudo, é o estudar.[1] Nessa linha, se formos transformando todos os substantivos, cada vez mais transformados em adjetivos, impregnados de valor, vamos perdendo de vista o verbo. Se recuperamos a ideia de verbo, esclarecemos muito mais, e deixamos de pontualizar, deixamos de localizar. Essa seria uma maneira. Não quer dizer que eu esteja necessariamente seguindo Brentano, é apenas um exemplo que ajuda a pensar essa questão. Outra maneira é observar que eu estou vendo de uma forma nova, vendo o avesso da situação, Figura e Fundo. Porque nós sempre vimos o sujeito, o objeto, a ideia, a razão, o comportamento. O que eu estou fazendo aqui não é inversão, é reversibilidade de Figura e Fundo, é o contexto, espaço de

1 BRENTANO, Franz. *Psychologie du point de vue empirique*. Paris: Aubier Éditions Montaigne, 1944.

estruturação do sujeito, do objeto, da ideia, da razão, do comportamento enfim. Mas não podemos simplesmente colocar contexto, espaço, mundo porque novamente localiza e cria os pontos de origem. São ideias ancilares, auxiliares para compreender a situação. Nessa maneira de pensar desaparece sujeito, realidade, desaparece antes, depois ou o antes e o depois, o sujeito e o objeto, tudo isso só pode ser apreendido e percebido quando se trabalham as interseções. Ao pegar um ponto, um bloco, eu posso abri-lo, dissecá-lo e fazer uma análise, mas assim eu vou fazer o inverso do inverso, já seria um outro momento. Por exemplo, em terapia ou em psicologia, ou em uma análise de acontecimentos políticos ou de um comportamento se faz isso, elegendo esses pontos que se quer analisar, mas não se está esgotando as variáveis da configuração deles.

A ideia é considerar que não existe início. A coisa não começa aqui e acaba ali. É muito simples: a reta é uma sucessão de pontos e o ponto é uma interseção de retas. Não tem o ponto que deu origem à reta, nem a reta que parou e foi quebrada. Não tem a ideia de prévio, de início, nem de antes, nem depois. Também não se trata de introduzir a ideia do nada. Dentro da filosofia, o nada é um artifício do desespero de não encontrar a verdade. Partindo do nada encontramos o espírito, a alma, a não matéria e todo o pensamento metafísico e oriental. E, por outro lado, é o mesmo na história da filosofia: o sujeito e o objeto, a matéria e a não matéria, o corpo e a alma. Quer dizer, há, no ser humano, uma pregnância contextual para espacializar. Nós andamos, caminhamos, nos sentamos, dormimos, ocupamos um lugar no espaço. O tempo é uma abstração, não tem a ver com ocupar lugar no espaço. Quando isso ocorre é por estar olhando uma fotografia, ou botando um óculos de metaverso, ou sonhando, imaginando e, então, vem toda a criação que se faz, como é o caso da literatura, e, por incrível que pareça, da psicologia também, os casos de raiva, de medo, de vingança, as lendas, os mitos. O concreto é muito claro, trata-se de entender as coisas que estão aqui, que estão aí, seja na área da psicologia ou da sociologia, antropologia, das ciências em geral, como pontos ou situações que não são origem, são interseções de infinitas e inúmeras variáveis. Estamos tratando aqui de uma questão ontológica, e a questão ontológica, como já afirmei, sempre foi tratada na história da filosofia de uma maneira idealista ou de uma maneira materialista, ou seja, centrada no sujeito ou no objeto. Dentro disso, os vários pontos se interseccionaram e, assim, veio a física, a matemática, a religião, os mitos. Vieram muitas teorias, a própria ideia de espaço, de tempo, de origem da origem, e passaram a afirmar, por exemplo, que o homem é uma soma de estruturas cromossômicas. Acontece que o todo não é a soma das partes, e a apreensão disso depende de uma nova abordagem, unitária e não causalista.

O importante não é dizer se algo existe ou não existe, o importante é afirmar que tudo que se está configurando ou pensando como existente ou não existente está sendo atribuído a um arbitrário início, uma arbitrária causa. E meu propósito aqui é demonstrar que esses inícios arbitrários ou causas são interseções de retas e, em última análise, como interseções de retas eles não são inícios ou origens ou causas. Abstraindo, não existe o ponto: ele é interseção de retas. Para compreender bem o que eu quero trazer neste livro, lançando mão de uma analogia com elementos da geometria, é preciso ficar claro que o ponto é interseção de retas e que essa interseção ficou como algo a partir do qual tudo era visualizado e explicado, esquecendo-se das relações que configuravam o próprio ponto. A ideia de início, de descobrir onde começa e onde acaba, a causalidade, é uma esquematização. Cria-se um esquema, separações, e vai-se observando como se faz. Por exemplo, quando olhamos para o céu, vemos as nuvens, podemos enxergar nitidamente uma bruxa, um cavalo, um gato. Onde cada uma dessas imagens começa? De repente elas desaparecem. Ou quando fazemos uma gravação em vídeo de uma situação, onde começa a gravação? Na hora em que aperta o botão e começa o registro? Quando se começa a falar? Ou nada disso, e seria na resultante de todos esses atos? A dicotomização que cria causalidade depende de uma esquematização que resulta da dificuldade de apreender a totalidade do que ocorre. Nesse sentido, saindo da visão determinista de uma física mecanicista clássica, pode-se entender os fundamentos iniciais da física quântica, na qual a coisa está existindo e não existindo simultaneamente. Por quê? Porque ela está exatamente em uma situação que engloba e que permeia muitas coisas, muitas variáveis. É o que acontece quando, no exemplo clássico do Gato de Schrödinger em estudos de mecânica quântica, você vê o gato vivo, e vê o gato morto, e ele está vivo e está morto porque as interseções são infinitas.

No nosso universo comportamental ou psicológico, imaginemos pensar em quando começa o comportamento de medo, por exemplo. Os freudianos costumam dizer: ah, foi quando o pai olhou com aquela cara feia, ou deu uma palmada, ou junto ao leite que era dado vinha um filme de terror. Sempre uma busca de causas. E as impotências sexuais e dificuldades de relacionamento? Onde começa o problema? Não se trata de identificar onde começa um problema ou qual é sua causa. Não existe causa. Trata-se de uma estrutura que fica autorreferenciada, pontualizada em uma situação, e isso é a base explicativa de seu comportamento. O ser no mundo é ser em relação. É dessa ideia de relação que eu falo. Quando ele se reduz a qualquer posicionamento gera autorreferenciamento, ele perde a dinâmica, vira um sinalizante, que é sinalizado, que foi ultrapassado exatamente porque se posicionou. No âmbito da psicologia, pensar a maldade como algo intrínseco ou, mesmo que não seja colocada como intrínseco, dizer que foi gerada por massacres, por condições adversas ou condições privilegiadas que exilaram o indivíduo, colocando-o em uma torre de marfim, é transformar um ponto em explicação para tudo. É a ideia de instinto ou do homem como fruto do meio. Acontece que o homem é sempre o mesmo, variam suas circunstâncias, saímos da monarquia e chegamos ao neoliberalismo, passando por feudalismo e reinados. E as ansiedades, os medos, as preocupações, as dificuldades, o amor, a bondade, a maldade continuam. Se formos posicionar a análise do homem no tempo, não temos como explicar esses comportamentos que são constantes. E muita gente tem dificuldade em entender que o homem da caverna tinha as mesmas ambições, os mesmos desejos, os mesmos medos que um atual habitante de Nova York, só que com tonalidades diferentes, configurações diferentes. Quando a psicologia começar a falar em relação — e ela caminha para isso e necessariamente vai chegar lá, assim como todas as ciências em geral — tudo mudará. Não é à toa que os antropólogos já falam em antropoceno, que na realidade é um conceito discutível e não necessariamente descreve o que existe, mas quando ele é utilizado, embora expresse conclusões baseadas em noções evolucionistas, se tenta colocar essa ideia de que tudo interfere, e isso é um fato.

O que eu quero mostrar é que, mesmo quando se está preso a causalismos deterministas, a imposição do existente faz aparecer o todo que foi retalhado de mil maneiras nas distorções e autorreferenciamentos. Atualmente, o drama é a constatação de que tudo é distopia. Foi a ganância neoliberal que criou o desequilíbrio, ou foi o desequilíbrio climático que impediu a roteirização das coisas em uma produção melhor da terra, e, nessa busca das causas do problema, distorções surgem. A ideia de que tudo é relação, assim como a de que o indivíduo, o ser é possibilidade de relacionamento, busca uma simplificação, mas a simplificação não é procurar o início ou chegar a um ponto. A simplificação é entender que tudo está em tudo. Não há uma parte que vá determinar e a partir da qual se some, multiplique ou divida. É uma visão panorâmica, sem pontos de partida e de chegada, embora todos eles existam e sejam necessários quando se configuram como o que se deseja que seja explicado e aonde se quer chegar. Um exemplo disso é, mais uma vez, a rede social: você lança uma notícia e essa notícia está presa a muitas outras notícias que se relacionam com outras notícias, e assim sucessivamente. De repente, elas vão fazendo interseções e mais interseções, vão fazendo conglomerados na rede, e as coisas caminham. Podemos pensar também nas águas e seus fluxos. Não é à toa que se diz: "dentro do mar tem rio".[2] As coisas todas se interpenetram, não há nada isolado, a areia do Saara caindo em Roma,[3] ou muitas outras ideias em músicas e poesias, a poeira das estrelas no nosso DNA, são imagens poéticas, mas são também tentativas de apreender a ideia de totalidade, da interpenetração de variáveis.

Na esfera material da biologia já se descobriram muitas coisas, como o fato de que nossa coluna vertebral é uma evolução embrionária da cauda encontrada nos

2 Trecho da canção "Beira-mar", de José Carlos Capinan e Roberto Mendes.

3 Trecho da canção "Reconvexo", de Caetano Veloso.

animais. Portanto, quando os biólogos falam em evolução humana, fazem referência à cauda (que ainda é vista em embriões humanos, sendo absorvida pelo embrião após algumas semanas, dando forma à coluna vertebral). Já são descobertas comprovadas o fato de que pertencemos ao grupo dos hominídeos e de que perdemos a cauda há uns 25 milhões de anos. Não estou dizendo que porque é assim tudo existe como se fosse uma sequência somatória. Não se trata de adição, de acréscimo, trata-se da ideia de interseção que vai trazer a dinâmica, e quando se quebra essa ideia de interseção, mesmo que se juntem todos os elementos que estão intercedendo, resulta em um todo como soma de partes, em uma soma de elementos.

Essa noção é bem diferente do que diziam os orientais de antigamente: para explicar o universo, basta dizer Om (ॐ). Em tese, está tudo aí nesse som. O Om, o som do universo, é a busca da apreensão dessa totalidade, que também desse modo não foi apreendida. De certa maneira estou dizendo que não existem início e fim, embora convencionalmente existam início e fim. Exemplificar isso é pegar um momento qualquer, como iniciar a leitura de um livro e terminá-la. É só uma apreensão, um gesto de pegar esse momento, e esse momento teve início e fim. Na realidade toda a nossa vida é isso. Pensemos em um calendário, o dia, o ano, são convenções. Imaginem se nós não tivéssemos um mês marcado, ou não tivéssemos uma data, um prazo, a hora! Muitos dizem que esses são dispositivos que ajudam a disciplinar, ajudam na sobrevivência. Mas a ideia de ajuda, de sobrevivência e disciplina daria uma função muito utilitária, e não é disso que se trata. É uma confusão de apreensão, isso não foi feito por utilidade. No passado, se via que algo servia para botar no fogo, então madeira é só para botar no fogo e, de repente, se entendia que madeira podia construir uma casa. São as novas apreensões da realidade, que ficarão cada vez mais dificultadas se elas forem datadas, iniciadas e consideradas no sentido determinista de causa e efeito. A abordagem causalista atrapalha no plano social e no plano psicológico, individual.

Em um certo sentido, a humanidade tem evoluído para mudar essas datações, porque elas são insuficientes para açambarcar todas as coisas que surgem. Um exemplo é o que vivemos agora no mundo das redes sociais. A própria inteligência artificial, as combinações e arranjos, a dinâmica dos processos demonstram nossa tese. Mas eu os estou citando aqui apenas como exemplo, para não parecer que é uma ideia que quer se adequar a esse progresso, a essa mudança. Estou dizendo que o progresso ou a mudança existem quando vai se rompendo com o conceito esclerosado de ponto de início. Se partíssemos da ideia de que tudo inicia no cérebro e termina no cérebro, jamais seria criada a inteligência artificial. Imaginar que a comunicação sempre é feita pela fala ou pela escrita jamais permitiria a combinação de 01010101, por exemplo, que possibilitou toda a computação. Então é essa transcendência de limite e de barreiras que põe o homem para a frente, e que precisa de uma teoria que a acompanhe. É uma abordagem que vai ser comum daqui a dez quinze, vinte anos. É uma atitude fácil que se torna difícil, pois temos que relacionar todas as coisas. Uma metáfora facilitadora é a que venho levantando, é imaginar o ponto, as retas, os planos e espaços, aquele grande desenho, e ir marcando, então, a sociedade, a família, o sistema, a teoria, a realidade, ou de repente o medo, ou o dia de ontem, ou a raiva. A raiva é um ponto que explica toda uma maneira de se comportar e pode ter sido configurada desde o estupro que sofreu em criança ao cachorro que teve que ser sacrificado. É preciso ver que cada um tem sua história, cada um tem seu desenho. As mudanças sociais também, enfim, tudo pode ser explicado dessa maneira. Portanto, a intenção deste livro, repito, é mostrar como as pontualizações, de repente, fazem esquecer seus constituintes, seus estruturantes, e se começa a trabalhar assim. Observar e se deter no ponto é uma maneira causalista de explicar os acontecimentos. Frequentemente esse reducionismo cria símbolos significativos para determinar os processos relacionais.

Voltando ao exemplo de quando pensamos no indivíduo, no ser no mundo: o que é o indivíduo? Que ele seja um ponto, que seja visualizado como tal, significa que ele é uma interseção de retas, que por sua vez são uma continuidade de vários pontos. Assim, tem o que se chama o fator ou estrutura biológica, a estrutura social, a influência da mãe, a influência do pai, a raiva que foi causada pelo estupro que sofreu, o desespero e o sentido de vazio ao ver que aquele cachorro que adorava foi sacrificado, é toda uma continuidade de assuntos que pode ser vista ali. E não adianta salientar, como se fossem explicações, dizendo "ah, porque esse indivíduo é um cara de Nova York, do SoHo, e este aqui é de Wall Street, e este é lá do mato, um indígena da Amazônia". São pontos, é preciso ver todas as variáveis, as interseções que foram possíveis. E também as épocas, pois essa abordagem explica muito bem o Zeitgeist, o espírito da época, que formaliza posicionamentos, individualidades e maneiras de viver e ser. Todas essas maneiras são uma série de continuidades de pontos, continuidades de interseções. Compreendendo assim fica fácil entender por que o indivíduo é a cara do seu tempo, mas ele não resulta do seu meio.

Continuando nosso olhar para o indivíduo, fazemos essa analogia, lançamos mão dessa metáfora dizendo que é como se ele fosse um ponto. E o que é esse ponto? É preciso ter bem claro que ele é uma interseção de retas, e não uma origem ou início. O que são essas retas? Uma continuidade de pontos. Estou, portanto, afirmando que retas se entrecruzam, se encontram: pai e mãe, família, situação econômica, situação geográfica, criança nascida durante um terremoto, criança largada em uma enchente, mas não é que ele, o indivíduo, seja um ponto estático.

Nas inúmeras abordagens vigentes, quando dizem que o indivíduo é resultado de seu tempo, a cara do seu tempo, e que o sujeito então resulta disso, o ser humano, o homem é resultado da sua cultura, comete-se um grande engano, porque apesar de ele estar sendo visto como um ponto, que é interseção, sim, de cultura, de local onde vive, de pai e mãe, família, ideologias, ele não é causado por, não é resultado de — *ele é*. Ele é a interseção dessas variáveis. Não se trata simplesmente de afirmar que ele é ou não é isso ou aquilo, mas de mudar a abordagem, pois, analisando, se detendo em um indivíduo, vamos chamar de Maria, de José, uma pessoa, normalmente dizem que as coisas começam nessa pessoa. Estudam Maria e observam sua família, sociedade, cultura, e tomam tudo isso como início, como os elementos que geraram ou causaram o comportamento daquela pessoa — Maria —, caindo sempre em análises reducionistas, em análises arbitrárias. Precisamos ver que aquela pessoa tem todas essas interseções, essas configurações que deram um contexto que chamaremos de pontualização, mas que ela não vai ser explicada como sendo a resultante ou o início disso. Ela é uma configuração, ou um conglomerado. Maria não é como é porque sofreu um trauma, ela é muitas coisas além disso. Estamos partindo de Maria, uma pessoa que tem que ser explicada, e essa pessoa vai ser analisada pela influência de uma série de variáveis. Aparentemente estamos fazendo a mesma coisa, vendo aquele ser como se fosse resultante de várias influências. Mas a abordagem é outra, ele não é uma resultante. Ele é uma interseção. E, mesmo que queiram considerar como sinônimos interseção e resultante, a diferença na análise persiste, pois as coisas não começam, não têm origem na interseção. O fundamental nessa visão é acabar com a ideia de origem, de início e de causa. Não é possível ver como resultante, pois se vemos como resultante está implícita uma causa. O homem não resulta porque ele não decorre de uma causa. Nem o homem, nem nada. Nada resulta e nada é causa. Existem interpenetrações, interseções. Não procuramos indicações de que isso começa aqui e termina ali. Apesar de sempre podermos dizer que começa aqui e termina ali, mas quando fazemos isso estamos trabalhando com um ponto, um elemento, pode ser, por exemplo, um ser humano, pode ser uma ditadura, pode ser o massacre dos palestinos ou os campos de concentração, mas são pontos, e suas interseções é que vão explicá-los. O importante é entender que não há origem, que as coisas não resultam, que não são causadas, que o mundo não é formado de elementos. Qualquer coisa, um ser humano, um acontecimento, que pretendamos explicar é uma interseção de variáveis. Essa interseção de variáveis pode ser plastificada, sinonimizada como hipótese ancilar, como interseção de retas, gerando pontos. Quando destacamos um ponto, dando-lhe luz e colocando-o como explicação, o transformamos em início ou em fim, e começamos a falar das interseções como se fossem as causas ou as resultantes. Fazendo isso, estamos negando toda a configuração, porque ele foi posicionado e destacado. Nosso dia a dia é repleto dessa atitude padrão: quando observamos, por exemplo, um tumor, ele é gerado por uma distorção — uma proliferação excessiva de células —, mas estudamos só o tumor, porque queremos entender o câncer, por exemplo, porque a proliferação está se dando lá de várias maneiras sempre. Quando vemos, digamos, nas revoltas populares, pegarem o czar e assassiná-lo, ou obrigarem os hinduístas a comerem carne de vaca, e tantos outros acontecimentos e massacres, não foram esses fatos isolados que resultaram ou causaram nada; eles são, cada um, uma variação de processos.

O destaque que damos às situações dificulta a visão de que elas são apenas interseção de variáveis. Imaginemos essa conceituação como na geometria: o ponto como interseção de retas e a reta como sucessão de pontos. Então, vendo isso claramente, ninguém vai dizer que a reta causou o ponto ou que o ponto resultou da reta, porque está dito que é interseção. Não tem margem para nenhuma distorção aí. Agora, quando se usa essa analogia para explicar o homem, por exemplo, se diz que ele é fruto de seu meio, que ele decorre de sua educação, das influências biológicas, ou que está cumprindo seu carma. E, assim, se pega *n* variáveis que estão pregnantes como pontos, e, além de fazer isso, que já é arbitrário e errado, transforma-se esse ponto no início explicativo e determinante de tudo. Dessa maneira, uma visão causalista, que é uma visão não globalizadora, vai criando referenciais deterministas e reducionistas que não açambarcam os fenômenos.

VISÕES CAUSALISTAS E DETERMINISTAS

Vivemos em presença, em mistura, em encontro de variáveis e de situações. Equivale ao espaço, ao plano, a retas e pontos em sucessão infinita que se entrecruzam, propiciando pontualizações. Observar e querer explicar esse panorama possibilitou a criação de mitologias e religiões, de ciência e de filosofia, e em especial nos interessam aqui as abordagens epistemológicas, a Teoria do Conhecimento. Diante de polaridades se buscou destacar encontros e pontos, e, a partir deles, estabelecer pressupostos, leis e postulados, enfim, saberes. Muito foi vivenciado, muito foi explicado, assim como foram criados blocos a partir dos quais os sentidos do existir foram imaginados ao estabelecer os pontos de origem, de inícios. Foi um grande momento para as supostas explicações dos fenômenos. Buscar e encontrar a origem ou o início era tudo que se queria. Em um primeiro momento, ideias mágicas, antropomorfizando identidades, criaram lendas e deuses, e posteriormente esse ordenamento — a busca de explicações — a partir da ideia de origem e início passa a fundamentar e organizar todo o pensamento analítico.

Tenho me referido aqui às palavras origem e início praticamente como sinônimas; ambas remetem à noção de causalidade, que vigora como pano de fundo de todas essas abordagens citadas como modo de pensar, gerar e responder perguntas sobre a existência e comportamento humano. A origem, o ponto onde algo começa, ou o início, o momento em que algo começa, são em si ideias, recortes, artifícios tomados a priori como pedra fundamental das explicações e atribuições de sentido.

Em filosofia, as noções de razão, cogito, ideia, alma foram os inícios eleitos para os desdobramentos de pensamento ou explicações, assim como as noções de matéria, organismo e natureza também foram eleitas pelos que se dedicavam a olhar para fora, saindo do considerado sujeito com sua razão, ideia, alma e cogitações, debruçando-se sobre o que costumam chamar de mundo físico. Sempre discutindo de que ponto partir, de que origem principiar, inúmeros dualismos foram criados. Esses modelos filosóficos se transformaram em modelos lógicos, em axiomas. Passaram a ser questões que também nortearam os pensamentos, os achados e considerações psicológicas. Desde a psicofísica à psicofisiologia, que media as relações orgânicas causadas pelo medo ou pela raiva e buscava detectar quais são os seus resíduos, até o behaviorismo, com seus condicionamentos explicados pelos reflexos comportamentais, a mesma atitude continuou com a psicanálise, que pela não solução dos visíveis comportamentos neuróticos, dos desajustes e fobias, postulou o inconsciente. Abandonando o conflito entre consciência e realidade, magicamente se entrou no desconhecido, no incerto, para explicar os acontecimentos. É a negação da dialética, pois teses e antíteses, nesse cenário do paralelismo psicofísico, fizeram Freud acentuar o paralelismo entre físico e psíquico, entre consciência e inconsciente, seu constructo que explica o comportamento humano. Nesse universo não há encontros das vivências consciente e inconsciente, salvo nos divãs sob a batuta dos mestres descobridores, esclarecedores dos processos enigmáticos: as paralisias faciais, as fobias e os atos falhos, por exemplo. Metodológica e teoricamente, um certo caos axiomático e filosófico-científico se instalou. Lembremos que em filosofia não se exige que um axioma seja demonstrado como verdadeiro — provado como verdadeiro —, se exige que ele seja coerente com as deduções que se seguem, que seja uma afirmação tomada como evidente e que fundamente o sistema dedutivo. Assim, chegamos ao cenário vigente no início do século XX, com explicações nas quais o comportamento era visualizado de uma maneira reducionista, determinista e mágica: instinto, sensações e consciência. E em meio a essas preocupações apareceram os gestaltistas alemães dizendo que o mundo é um cosmos, não é um caos. E que ele não precisa ser organizado pela suposta consciência do indivíduo, ele já é organizado. Explicavam também que a organização é intrínseca aos fenômenos, bastando percebê-los. Coerentes com essa ideia de que "basta perceber", eles se dedicaram aos estudos perceptivos, descobrindo princípios básicos para enfocar os processos existentes, como e quando se percebe. Fizeram afirmações como a de que o todo não é a soma de suas partes e também de que toda percepção se organiza enquanto Figura e Fundo, e que existe isomorfismo[4] entre a forma (Gestalten) física e psíquica[5], ou seja, não há divisão entre orgânico e psicológico, tampouco prevalência do neurofisiológico como admitido pela neurociência hoje em dia. Aqui cabe um parêntese esclarecedor nesse desenvolvimento de nosso enfoque. Devido à atual predominância, abrangência e poder de influência institucional da neurociência, torna-se obrigatória nossa perspectiva crítica.

A identificação, no ser humano, de um sistema nervoso composto por cérebro e medula espinhal com a classificação em sistema nervoso central e periférico, assim como sua descrição fisiológica, é antiga e remonta a séculos de pesquisas e estudos. A psicofísica e a psicofisiologia são familiares a qualquer estudante de psicologia, assim como neurologia e biologia neuromolecular o são para estudantes de medicina. A neurociência como denominação de um campo distinto (e único) de disciplina científica emergiu na segunda metade do século XX, mais especificamente depois dos anos 1970. Nessa época iniciou-se o esboço de um novo curso universitário, de um campo de pesquisa multidisciplinar, que englobasse os estudos

4 O princípio isomórfico (isomorfismo) estabelecido por Köhler e Wertheimer em 1912, psicólogos fundadores da Psicologia da Gestalt, afirma que a toda forma neurológica/orgânica corresponde uma forma psicológica, ou seja, as estruturas perceptivas e físicas são isomórficas.

5 BEARDSLEE, David; WERTHEIMER, Michael. *Readings in Perception*. New York: D. Van Nostrand Company, Inc., 1964.

voltados para o entendimento do sistema nervoso — não esquecendo a ênfase no cérebro —, seu desenvolvimento e patologias, suas funções abrangentes relacionadas com a biologia, a medicina, a psicologia, a psiquiatria, a pedagogia, a antropologia e, hoje em dia, até mesmo relacionando-a à computação. Principalmente nos Estados Unidos, por volta dos anos 1990, a neurociência como disciplina autônoma ganhou status de abordagem primordial a todo e qualquer estudo do comportamento humano, suas dinâmicas e dificuldades. A neurociência começou a disputar um lugar de essência no pensamento ocidental, semelhante ao lugar que ocupa a filosofia com suas abordagens e questões seculares. Ou seja, as questões levantadas e estudadas pela neurociência seriam primárias em relação às questões filosóficas ou às questões de qualquer outra disciplina de ciências humanas. O funcionamento do sistema nervoso explicaria todo e qualquer comportamento humano, do caminhar e levantar os braços até a adesão a crenças e ideologias, à expressão de emoções e formulação de pensamentos.

Obviamente, esse é um posicionamento que depende dos princípios assumidos pelos pesquisadores, cientistas, tecnólogos, pensadores, enfim, e é amplamente contestado por nós que não reconhecemos na neurociência nenhuma abordagem ou resposta consistente ao problema central da filosofia e da psicologia: a existência do homem, seu comportamento e suas questões. A neurociência não pergunta (filosofia) e não responde (psicologia) as questões humanas, seus desesperos, comprometimentos e realizações.

Existem inúmeras instituições de propagação de estudos em neurociência que a colocam como a base conceitual da psicologia, biologia, medicina, educação e até mesmo do comércio e marketing, gerando cursos universitários com diversas especializações, e existem também algumas universidades que oferecem o curso específico de neurociência como disciplina distinta.

Consideramos essa influência da neurociência no pensamento contemporâneo um retrocesso inimaginável. É a negação do sujeito como ele é entendido desde o surgimento da filosofia moderna e da psicologia. O posicionamento dos neurocientistas ignora — portanto, nega — séculos de discussões filosóficas e psicológicas acerca do entendimento do que é a construção do sujeito (da subjetividade), assim como da compreensão do ser humano como sujeito de sua história. Essa é uma discussão presente de Descartes a Lacan, passando por Kant, Hegel, Marx, Nietzsche, Husserl, Freud, Heidegger, Foucault, Deleuze, Guattari e outros, enfim, uma temática que perpassa todas as disciplinas modernas que lidam com o homem, seu comportamento, sua existência social e individual. Não é possível abordar as noções de sujeito e objeto, a emergência do que é entendido como subjetividade, ignorando a dimensão histórico-filosófica dessa construção. É possível questioná-la nos termos em que vem sendo discutida e descrita — como faço em meu livro[6] —, é possível,

6 Ver: CAMPOS, Vera Felicidade de Almeida. *Terra e ouro são iguais*: percepção em Psicoterapia Gestaltista. Rio de Janeiro: Zahar, 1993.

obviamente, participar dessa discussão, mas ignorá-la é retrocesso. Em psicologia, principalmente no campo da psicoterapia, essa discussão é fundamental, e se desdobra nos conceitos de inconsciente e aparelho psíquico (Freud), linguagem (Lacan), e percepção, pensamento, conhecimento, desejo, motivação etc., que são temas com os quais sempre me ocupei, propondo uma abordagem dialética na qual o relacional é pregnante.

O importante da Gestalt Psychology é que ela não caiu no reducionismo causalista de enfatizar o fisiológico ou o psicológico ao elaborar a teoria isomórfica e, consequentemente, não caiu em divisões, pois a toda forma física corresponde uma psicológica, segundo o isomorfismo. Ela abraçou pesquisas e estudos que unificaram o conceito de percepção e, a partir dos gestaltistas, percepção não mais é considerada como elaboração das sensações auditivas, olfativas, gustativas, visuais e táteis. Não existem sensações, existem percepções auditivas, olfativas, gustativas, visuais e táteis. Beneficiada pelo estudo dos trabalhos em psicologia desses gestaltistas alemães, estruturei a Psicoterapia Gestaltista, pois a abordagem clínica não existia na Gestalt Psychology, que foi criada em 1912. A Primeira Guerra Mundial iniciou em 1914, e o que existia de mais dinâmico e novo no estudo do comportamento humano — as pesquisas dos gestaltistas — foi interrompido. Salvaram-se algumas pesquisas sobre inteligência e aprendizagem realizadas com chimpanzés, por exemplo. Era o início da demolição dos mitos, das ideias de funções intelectivas. Köhler, com suas experiências, mostrou como se estruturavam os processos de inteligência e aprendizagem pela percepção. Seu trabalho se constituiu em grande questionamento às explicações behavioristas, assim como às ideias de funções intelectivas como inatas e exclusivas do homem. Kurt Lewin, durante a guerra, se refugiou nos Estados Unidos, desenvolvendo muitos estudos sobre psicologia social. Por intermédio dele tivemos acesso às considerações sobre as diferenças entre Teoria de Classe — alicerçada em conceitos aristotélicos — e Teoria de Campo — pensada a partir da física de Galileu.[7] É vital um conceito como o de campo psicológico, no qual o comportamento é entendido como sendo uma mudança do campo psicológico em uma dada unidade de tempo, e ainda que campo psicológico compreende todos os fatos que existem em um momento dado para um indivíduo ou grupo considerado.

A Teoria de Campo desfaz mitos sobre o comportamento e a consciência humana. Afirma que não importa se o indivíduo percebe ou não um certo fato, saiba dele ou não: se esse fato tem uma incidência direta sobre seu comportamento, ele é uma força em seu campo. O fato existe fora de seu conhecimento, de sua percepção, o que não exclui que ele, o fato, esteja em seu campo psicológico, portanto esse fato tem um efeito demonstrável sobre o comportamento do indivíduo,

7 LEWIN, Kurt. *Psychologie Dynamique:* les relation humaines. Paris: Presses Universitaires de France, 1964. p. 24-64.

explicava Lewin. É assim que se pode entender, mais tarde, seu conceito de atmosfera de grupo, e, ainda, é isso que permite no dia a dia das famílias perceber o medo, o amordaçamento do filho que vive na atmosfera de gritos, bebedeira e pancadaria, quando, mesmo ileso a brutalidades explícitas, ele se sente massacrado. Essa abordagem de Teoria de Classe e Teoria de Campo estabelecendo as diferenças entre o pensamento aristotélico e o pensamento de Galileu foi fundamental para desfazer os mitos sobre os resquícios psicofísicos ainda dominantes na psicologia pela sobrevivência de ideias psicofísicas e psicofisiológicas.

Os indivíduos, diante de tudo que os rodeia, cerca e situa, se sentem aceitos ou não aceitos pelo que são, pelo que fazem, pelo que expressam, pensam e sentem. A vivência desse processo de aceitação e não aceitação cria divisões, fragmentações que desenvolverão as experiências pontualizadas. Elas se traduzem por posicionamentos de medo, coragem, raiva, simpatia, inveja, solidariedade, maldade, bondade, ganância e desapego. É interessante notar que o que quebra a continuidade do estar no mundo é o posicionamento, não importando se considerado bom ou ruim. Posicionar é estancar dinâmica, criar pontos desgarrados de sua continuidade. A individualidade, assim estruturada, passa a ser visualizada, configurada pelos resultados de seus posicionamentos. O trabalho psicoterápico visa fundamentalmente tirar o indivíduo de seu nicho de proteção e imobilização, de suas metas e desejos decorrentes de suas não aceitações. Nichos, protetores ou destruidores, são sempre imobilizadores, solapam dinâmica e desviam processos. Buscar ajuste ou desajuste é arbitrário, pois é configurador de um propósito relacionado com não aceitações, determinantes de autorreferenciamento, e, consequentemente, é imobilizador, quebra a dinâmica dos processos. Vivendo desde sempre em sistemas — sociedade e família — que usam os indivíduos como matéria-prima para manutenção de seus propósitos, problemas e políticas, o indivíduo se despersonaliza. Metaforicamente falando, somos protegidos por tetos, abóbadas que nos distanciam do cosmos, da ordem existente no universo e, por pragmatismo, em substituição, criamos fac-símiles, como deus, destino, carma etc. para explicar facilidades e dificuldades. De tempos em tempos esses tetos são trocados, mas permanecem abóbadas.

Descobrir o mundo, perceber as possibilidades de estar no mundo com os outros é uma maneira de romper com as contingências que nutrem e com as que alienam. Atualmente, nas abóbadas, tetos distópicos que nos protegem e organizam, descobrimos que somos produto. Tudo depende de venda, negociação, preço e valor, e como tal nos comportamos. Já não se discute medo, fraqueza, capacidade e incapacidade. O que se quer é lustrar e propagandear o produto necessário para ser exposto e vendido. Inúmeros rótulos, banners e avaliações servem para isso, desde a luta por titulações em instituições consideradas respeitosas até a criação dos próprios agrupamentos que sancionam — é o poder — estar no topo onde o reinado do desejo, do objetivo realizado comanda impávido. Venda, troca, compra, preço, cotação são os condicionantes do sucesso.

É importante assinalar que o ser é a possibilidade de relacionamento, que não existem prévios, tampouco determinantes absolutos na sua estrutura, que não existe alma, vocação, talento, capacidade e incapacidade como ponto de partida, como potencial. O que existe é uma possibilidade de relacionamento, ela é estruturada e formalizada pelo encontro com o outro, e isso abre novas configurações, cria perspectivas, dinamiza o estar no mundo, o estar com o outro. Esse encontro sempre se dá em uma família ou equivalente, em uma sociedade, um sistema. Nesse sentido, o encontro é uma parada, é o impedimento que classifica e detém. Assim começa, logo que se nasce, a ser matéria-prima moldada pela família, pela sociedade, virando ponto — interseção de retas (variáveis) — destacado de seus constituintes e passando a ser sinalizador deles. Nesse contexto, passa-se a teorizar que o indivíduo é fruto de sua sociedade, de sua família. A consequência dessa afirmação é que existem tantos indivíduos diferentes quanto são suas famílias, suas sociedades e culturas. Acontece que, do ponto de vista psicológico, independentemente das diferenças culturais e históricas, da diversidade que vemos ao longo do tempo nas inúmeras culturas ou sociedades existentes e mesmo nos menores grupos como as famílias, ou seja, apesar dessa heterogeneidade, o ser humano é o mesmo, pois ele é uma possibilidade de relacionamento. Sua essência ou a característica de seu ser é a possibilidade de estabelecer relações. Seja qual for o momento da história da humanidade, em qualquer agrupamento humano essa é sua definição. A relação homem no mundo é o estruturante do comportamento, das percepções, consequentemente, dos pensamentos, do conhecimento, das atitudes. Ao longo dos séculos, em todos os lugares que habita, o homem exerce suas necessidades e possibilidades de relacionamento. Nesse processo, em toda parte e sempre o encontramos com suas necessidades de sobrevivência (sexo, sono, fome e sede), assim como com suas carências e buscas de satisfação e prazer, suas angústias, medos e enfrentamento de limites, suas invenções e soluções de problemas. Essa estrutura é a mesma, é o homem no mundo, ou seja, essa relação homem-mundo é constante, é a relação. Os dados culturais, que identificamos nas diversas etnias ou agrupamentos humanos, seus mitos, religiões e cosmovisões são as circunstâncias que resultam dessa relação homem-mundo. Essas circunstâncias, obviamente, são diversas no tempo e no espaço. Elas expressam mudanças circunstanciais, mas a essência — relação — é o fundamento imutável. A percepção do que é o ser humano, as teorias criadas para explicá-lo no âmbito da psicologia incorrem no erro de conceituá-lo como causa ou como resultado.

Para mim, a relação homem-mundo não é causa nem efeito. Ela é a relação que estrutura percepções.

Por exemplo, hoje em dia, para lidar com os seres humanos e com os sistemas, é imperativo abdicar da ideia determinista de início e de origem. A título de ilustração, consideremos as redes sociais, tão presentes no nosso dia a dia, que, exatamente por suas estruturas de rede, começam a sinalizar acontecimentos e, ao fazer isso, estancam a dinâmica, pontualizam processos e criam blocos de informação. As invasões, o "pongar" nas redes, transformá-las em veículos propagadores de ideias, de interesses, com pontos fixos a espalhar, negam a estrutura, estabilizando dicotomias de certo/errado, verdade/falsidade, equivalentes a transformar o estudo das civilizações em uma explicação da evolução de como plantar e descascar batatas, por exemplo. A emergência se impõe, embora mal configurada, pois, sendo percebida com destaque, ainda supõe enigmas. Entretanto, o que surge sem causas explícitas só pode ser bem visualizado quando entendido, apreendido no cruzamento de situações, de variáveis. Em política e em economia, a quebra de blocos monolíticos a partir dos quais se pensava é esclarecedora. Entender as nações economicamente mais fortes como as mais poderosas sem entender suas variáveis configuradoras é desnorteador, impede conclusões, pois foram conseguidas por meio de a priori, determinantes prévios, que não permitem perceber suas configurações estruturadoras. Às vezes as nações mais ricas iniciam processos de empobrecimento que só serão compreendidos quando globalizadas suas variáveis, seus processos de contínuas mudanças e contradições. Partir da ideia de nação mais rica e mais poderosa como base distorcerá a conclusão.

Muito importante para mim, também, foi perceber que não existe pensamento como uma condição prévia, uma função intelectiva como alguma coisa que se traz dentro de si. O pensamento é um prolongamento da percepção. Pensar é prolongar o percebido, e esse meu insight foi produtivo para arrancar de dentro do homem tudo o que foi colocado nele pela psicofísica e psicofisiologia, por Descartes, Freud, Kant, Hume, Aristóteles, Platão e outros. O homem era pensado como tendo funções intelectivas, emotivas e motoras. Ainda somos dominados pelo pensamento psicológico do século XVIII, no qual afetividade e intelecto são as características do ser humano. As funções motoras, emocionais e intelectivas eram consideradas determinantes de comportamento.

Não existem pontos como determinantes causais, existem possibilidades. É a interseção de variáveis do estar no mundo com o outro que estrutura atividade, emoção e pensamento. Atividade motora é a explicitação do que se faz com nervos, músculos, chão, terra, e exercê-la decorre de atitude, ação diante do que se percebe. As atitudes consideradas intelectivas (pensamento, linguagem) só podem ser configuradas, explicadas e globalizadas enquanto percepção. Como escrevi no livro *Linguagem e Psicoterapia Gestaltista*, "falar é expressar a organização do percebido".[8] Exilamos, assim, concepções impeditivas da percepção de totalidades. Os endereçamentos criados, orientações transversais que dificultam o trajeto, o estar no mundo, os processos, a vida e o comportamento humano, são os vieses que amarram o humano. Esse questionamento é libertador, é como se devolvesse o mundo ao próprio homem. Mesmo sendo trabalhoso não organizar por blocos predeterminados, é válido, pois não se está adulterando, condimentando, misturando. Essa é a única condição de exercer a possibilidade de relacionamento sem estancá-la, imobilizá-la em pontes suspensas do "começa aqui", "termina ali". É como a mudança de modelo de uma física aristotélica para o modelo de uma física galileana, livre de reduções causalistas.

O ser é a possibilidade de relacionamento, ele é, assim, apenas uma estrutura, um organismo situado em um tempo e um espaço, no mundo, em uma época, sociedade, família. Esse organismo se desenvolve, cresce e realiza interseções com os outros, com tudo que o rodeia e situa. O indivíduo não nasce com predisposição para isto ou aquilo. Para ele são convergidas inúmeras variáveis que o dinamizam, assim como o aprisionam. Esse processo é realizado por meio da percepção. Perceber não é organizar sensações, como afirmavam os associacionistas. Perceber é conhecer

8 CAMPOS, Vera Felicidade de Almeida. *Linguagem e Psicoterapia Gestaltista*: como se aprende a falar. São Paulo: Ideias & Letras, 2015. p. 10.

pelos sentidos, como explicavam Koffka, Köhler e Wertheimer, da Gestalt Psychology.[9] A percepção é direta, não resulta de elaboração posterior, tampouco ela é sinônimo de experiência, como afirmava Hume. Diante do mundo, o indivíduo percebe. Sua estrutura orgânica possibilita isso da mesma maneira que, estando vivo no mundo, ele engatinha e depois caminha. Caminhar, perceber são decorrências de sua estrutura biológica, orgânico-fisiológica. Entretanto, o que se percebe e onde se caminha depende do lugar que se ocupa no espaço, do mundo que circunda, dos outros que acompanham e participam desse processo. Tudo isso ocorre em um tempo e em um espaço. Estamos no mundo e com ele nos relacionamos. No meu livro *A questão do Ser, do Si mesmo e do Eu*, escrevi:

> Relação é o contexto a partir do qual tudo pode ser percebido, pensado, enfocado, configurado. O Eu é um sistema de referências. Arquivos, dicionários, índices, ícones, catálogos, mapas e bússolas existem nesse sistema. Memória é o processo psicológico responsável pela sua manutenção. Neurologicamente, os casos de amnésia são exemplares para mostrar a função da memória na manutenção do Eu. Sem memória não há Eu, não há familiaridade.

9 WERTHEIMER, Max. Laws of Organization in Perceptual Forms. *In:* ELLIS, Willis D. *A Source Book of Gestalt Psychology.* London: Routledge & Kegan Paul, 1969. p. 71.

> Os registros são apagados, o indivíduo não sabe quem é, perde o Ego — o Eu — as referências. Estamos no mundo, sempre há novos sistemas de referência. O Eu surge, não importando se novo ou velho — é o Eu. Memória é a percepção do presente estruturada no contexto passado, é o presente significado em função do passado, por isso mesmo, memória é percepção. Podemos, agora, dizer que percepção é o processo psicológico responsável pela manutenção do Ego, do Eu, como sistema de referência. Tudo que é mantido é também ativado. Vida psicológica é vida perceptiva. Percepção, contextuada no passado é memória, percepção contextuada no presente é conhecida como percepção; percepção contextuada no futuro, isto é, prolongamento perceptivo é pensamento.[10]

Colocar o pensamento como prolongamento perceptivo foi um insight, uma conclusão importante para chegar ao conceito de ser como possibilidade de relacionamento. Em meu livro *Como perceber e transformar a neurose*, escrevi:

> Pensamento é o prolongamento do percebido. Pensar é ir além, é continuar o percebido, dele partindo. Não existe pensamento como função autônoma,

10 CAMPOS, Vera Felicidade de Almeida. *A Questão do Ser, do Si Mesmo e do Eu*. Rio de Janeiro: Relume-Dumará, 2002. p. 44-45.

cerebralmente localizada. Em um mundo no qual o psicológico era descrito e conceituado como resíduo de consciência, que por sua vez era criada como aparência de cognoscibilidade, resíduos de razão, pensar era visto como dado intelectivo — gerado pelo intelecto — sinonimizado como mente, capacidade de armazenar, entender e produzir intelecção. O intelecto, a mente, era, em última análise, a razão, característica que nos diferencia dos irracionais — dos animais. Pensar era, assim, visto como processamento dos dados mentais, realização da função intelectiva, e desse modo o que interessava era o que aparecia — o pensamento, sob forma de razão, exemplificadora da supremacia humana, resultante de sua evolução na escala biológica — o homem como um ser superior ou como a criatura evidenciadora do seu criador, de Deus, com seus desígnios de livre-arbítrio e humanidade. Nessa visão, pensar é expressar o que se tem de intelectivo, de função mental, de consciência.

Abolindo esse posicionamento reducionista de mente ou intelecto, admitindo que tudo é relacional, entendemos de outra forma: pensamento é prolongamento da percepção. Percebe-se e quando isso é prolongado graças à memória ou à categorização, graças à percepção da percepção, pensa-se. O pensamento pode ser uma mera reprodução, consequentemente, representação dos dados perceptivos, indo além deles para estabelecer novos critérios e parâmetros equivalentes ao que se denomina imaginação. Pensar em um animal não existente, formá-lo com patas e corpo de cavalo, asas de pássaro, nariz lançando fogo, e chamá-lo de dragão é um pensamento, chamado de fantasia e imaginação (ampliação, extrapolação perceptiva), que reúne várias percepções arquivadas, vários dados de memória. Prolongar a percepção desse dragão, ampliá-la e pensar sobre suas possibilidades e necessidades, cria novos prolongamentos perceptivos, novos pensamentos acerca do percebido que pode configurar o que se chama imaginação, fantasia, simbolização.

Real, simbólico, imaginário, fantasiado são aspectos da mesma face. Deter-se no olho e imaginar sua função, simbolizá-lo como veneno ou fertilizante (bom ou mau), símbolo de vida ou de morte é ir além do percebido. Esse prolongamento cria novas dimensões nas quais distorções (símbolos) e representações substitutivas e indicativas se impõem. São desdobramentos, camadas, infelizmente confundidas e consideradas novas situações pelos dualistas e elementaristas. O que existe, como vai ser percebido, constatado (percebido que se percebe) vai depender das redes relacionais individuais, vai depender dos contextos. Ao perceber que se percebe vem a constatação, e prolongando-a se estrutura o pensamento. Cotidianamente, quase não existe pensamento, percebe-se, constata-se. Quando se pensa é porque não se consegue globalizar o que ocorre, então se representa, coloca-se em outras

> redes perceptivas e só ao conectar com situações anteriores, prolonga-se as percepções — pensa-se — preenchendo os espaços vazios, pontilhados de fragmentação vivencial. Ao se deter em alguma percepção, em alguma constatação que cria dúvidas, dificuldades, surpresas e insegurança, se prolonga os dados perceptivos. Se pensa a fim de entender o que ocorreu, surgindo questões de conhecimento, de percepção, quando se quer resolver questões paradoxais do dia a dia ou dos processos teóricos.
>
> Para pensar basta prolongar os dados perceptivos: o dia a dia, o relacionamento pessoal, da escola à sociedade, já respondem tudo. Pensar é quase sinônimo de divagar, cogitar, duvidar. Dizer que tudo é estruturado e contextualizado na percepção, pressupõe sempre um sujeito que percebe. Admitir isso não é uma reedição de Descartes, que ao instalar o cogito, o sujeito pensante, realiza uma explicação metafísica e idealista do conhecimento. O processo perceptivo é o dado relacional, não está localizado no sujeito, nem no objeto. Sujeito e objeto são polaridades, o que é completamente diferente da afirmação subjetivista de Descartes. [11]

Ao contextualizar questões filosóficas e psicológicas, tais como Ego e memória, dispomos de mais referenciais para entender o ser no mundo, o estar diante do outro e

11 CAMPOS, Vera Felicidade de Almeida. *Como perceber e transformar a neurose*: Psicoterapia Gestaltista. São Paulo: Labrador Universitário, 2017. p. 30-32.

de si mesmo. Esses dados relacionais, agora contextualizados, dispensam quaisquer explicações causalistas e elementaristas sobre o ser humano e seu estar no mundo.

Em certo sentido, o ser humano é apenas um ponto (interseção de variáveis). Ele é uma possibilidade de tudo que seus encontros e vivências lhe permitem ser. Não há prévios. Existem inúmeras configurações, e tudo dependerá do outro que lhe constitui, seja enquanto receptáculo de orientações, desejos e propósitos ou que o desenvolva como participante do que acontece, os problemas, soluções, questionamentos e mudanças. Geralmente, as vivências são diversificadas. Existe aceitação que possibilita dinamização, e existe não aceitação que obriga a posicionamentos, a imobilizações. As constantes lutas entre posicionamentos e dinamizações constituem nossa vida psicológica. Motivação voltada para o depois, para metas e desejos geram estagnação, pois pontualizam as vivências. São as regras e os posicionamentos como: crescer, estudar, ganhar dinheiro, ter filhos, ter estabilidade e diversão, segurança e prazer. Posicionamentos reduzem espaços operativos, limitam arbitrariamente os processos, surgindo os insatisfeitos, sedados, revoltados ou entediados. Assim são criadas as fases, as épocas da vida, e os processos educacionais e profissionais são desenvolvidos dentro desses critérios. As possibilidades relacionais são estabelecidas. Os parâmetros sociais, via de regra, atingem e determinam as motivações individuais, seja pela concordância, seja pela discordância com eles. A grande manada, também com suas ovelhas negras, é afirmada. Temos os que governam, mandam e possuem a melhor parte, e os que estão submetidos, lutando para atingir alguma coisa no nível social, econômico ou familiar e afetivo. Quando se percebe que nada é determinado, que tudo depende de questionamento, que tudo muda, que não há nada fixo, começa o caminho da acomodação, ou da independência e transformação.

A Teoria do Conhecimento ou as abordagens epistemológicas estabeleceram uma série de rótulos que no decorrer das análises explicativas inviabilizam a compreensão da dinâmica. São palavras como razão, intelecto, vontade, pensamento, vocação, intuição, alma, cogito que fundamentam inúmeros estudos, mas que não se sustentam como explicação do comportamento humano, nem como explicação de fenômenos, tampouco dos processos de conhecimento. Elas são resumos arbitrários ou pontos de partida, ou rótulos para fenômenos que não são entendidos e não são categorizados. Essas conceituações foram transformadas em verdades, passaram a existir factualmente, e, ainda, começaram a explicar todo o processo do comportamento humano e a formalizar as explicações epistemológicas sobre o que é o conhecimento, o que é conhecido e quem conhece. É como se fosse o mito da caverna de Platão. Recurso absurdo que substitui o vivenciado pelo imaginado e cogitado.

De possibilidade de relacionamento o ser humano foi transformado em pontos de possibilidade ou de impossibilidade, a partir dos quais é determinado seu estar no mundo. Hierarquizações. Direitos e deveres. Ascensões e escravizações. É como se lidássemos com um espaço escuro, sinalizado pelo tênue brilho do que é inteligente, belo e bom. Mas também nesse escuro deve-se evitar avidamente a ignorância e a incapacidade, procurando descobrir onde elas podem surpreender. É a vida ao acaso, sinalizada por metas e desejos de não fracassar e de ter vitórias. E, assim, pódios de competição são estabelecidos.

Perceber o que está diante, ao lado, perto, enfim, o que é mais pregnante (essa é uma lei perceptiva da Gestalt Psychology)[12] ocasiona muitas distorções quando se trata de globalizar fenômenos e evidências. Há um impedimento a abstrair quando contingências se impõem. Elas funcionam como diferenciações que impedem apreensão ampla do que se evidencia. Contingências pontualizam. As abordagens epistemológicas causalistas e deterministas exemplificam isso. Como já afirmamos anteriormente, sempre ocupados em determinar as causas, os começos, as origens, uma série de sistemas filosóficos foi elaborada ao longo dos séculos. A dedicação a essa busca pelo ponto inicial elaborou, por exemplo, teorias de origem do homem como sendo criado à imagem e semelhança de Deus.

12 Na Gestalt Psychology, as principais leis da percepção que explicitam as organizações perceptivas são: proximidade, semelhança, boa forma ou pregnância, boa continuidade, simetria, fechamento ou closura e destino comum.

Na verdade, Deus é que é criado à imagem e semelhança do homem. A lei perceptiva de proximidade apoia essa afirmação, assim como a explicação de como se conhece, quem conhece e o que é conhecido. São inúmeras suposições e conceituações, e relembrar essas abordagens é importante para fazer um rápido resumo dos desenvolvimentos filosóficos de questões epistemológicas que são caras à psicologia. Para Immanuel Kant, o sujeito tem as condições e as possibilidades da experiência. Ele entende que a razão transcendental é um conceito referente à investigação do próprio conhecimento e das condições de possibilidade do pensamento. Mas imaginar que as ideias, desde o mito da caverna de Platão até os a priori da razão transcendental, por exemplo, são os determinantes do que é conhecido, ou, ainda, de outro modo supor que sem objetos, sem coisas não existe conhecimento é uma postura redutora, responsável por convergências ou divergências preestabelecidas. Constantemente apoiadas na ideia de razão ou de mente, de sensação ou de experiência, as abordagens epistemológicas caíram em dualismos reducionistas nos quais se privilegia o sujeito (a ideia) ou, no caso dos materialistas, o objeto (a matéria) como determinantes do conhecimento.

Acontece que sujeito e objeto não são entidades fixas, eles são estabelecidos ou determinados pelos dados relacionais. Conhecedor e conhecido são configurados na interseção de vivências. O ponto (o sujeito ou o objeto) é uma interseção. Nesse âmbito, o que se deve e precisa esclarecer e evidenciar para explicar o conhecimento é revelar, aclarar e explicitar a relação que o estrutura, que o constitui. Nesse sentido, a explicação fenomenológica da consciência como intencionalidade significou um grande avanço em um universo de ideias causalistas e deterministas. Entretanto, esse avanço era medido, controlado e exercido até onde era possível esticar as cordas que ligavam sujeitos e objetos. Os pressupostos existiam e toda uma arte foi exercida por Husserl tentando ampliar e limpar o campo do cognoscível. Ideias como noema (objeto visado pela consciência) e *epoché* (colocar entre parênteses, não ter a priori) foram iluminadoras, mas não esclareceram, não desfizeram os grilhões dualistas, a procura por pontos de partida e por dados de origem. A busca de causas era um impedimento, um obstáculo às dinamizações integradoras dos pontos de partida, ou seja, da integração de sujeito e objeto.

Quanto mais acentuadas as divisões e os confrontos entre materialismo e idealismo, mais cresce o domínio do que é considerado subjetivo e do que é considerado objetivo. Acordos implícitos surgem e, assim, subjetivo denota tudo que é considerado filosófico, psicológico, literário, artístico; enquanto objetivo passa a ser domínio da física, da matemática, do que é considerado científico. Campos divididos e no meio o homem, suas vivências e explicações do que sente e do que percebe. Nesses pântanos abismais surgem explicações dos mistérios comportamentais e orgânicos: neuropatias, conversões histéricas, esquecimentos etc. interpretados pela ideia de inconsciente. Nessa linha, os elementos recalcados, ou seja, o recalque, aquilo que não é vivenciado enquanto explicitação é o motor que determina o comportamento. Junto às ideias de Deus, mistério e determinações mágicas, a humanidade se referencia nas vivências e descobertas do inconsciente. Essas explicações sobre o que é o processo humano com essa visão psicológica se constitui em forte retrocesso. Baseadas nessas visões, as abordagens psicológicas ficam voltadas para a descoberta dos mecanismos de defesa do Ego e suas projeções, ficam voltadas para o trabalho de elucidar o inconsciente, seja o individual (Freud) seja o coletivo (Jung). Isso é o que ocupa os estudos e pesquisas psicológicas, assim como um vasto campo de investigações filosóficas. É um discreto ressurgimento de Platão (seu mito da caverna) e de Aristóteles (suas categorias).[13]

Fenômenos se impõem, são evidências. Os estudos sobre percepção realizados pela Gestalt Psychology em 1912 trouxeram mudanças. Era uma nova explicação contrária ao empirismo de Hume e Locke, que colocavam na sensação toda a vivência humana, achando

13 As dez categorias de Aristóteles são: substância, quantidade, qualidade, relação, lugar, tempo, posição, estado, ações e paixões para classificar tudo o que existe. É a Teoria de Classe com seus agrupamentos e categorias, escondendo o que está à luz dos olhos. Kurt Lewin, séculos depois, questiona esse pensamento com seu conceito de Teoria de Campo, antagônico e questionador da Teoria de Classe aristotélica. É importante notar que, quando Aristóteles coloca relação como categoria, ele não apreende a dinâmica dos processos.

que ela seria elaborada posteriormente pela organização dos dados perceptivos, ou seja, pela percepção. Quebrar o campo do empírico dizendo que a percepção não é elaboração de sensações, dizendo que o conhecimento não é uma soma de elementos, revitalizou os estudos psicológicos e abriu novas vertentes epistemológicas.[14]

Quando dizemos, por exemplo, que o mundo é um cosmos, que a organização é intrínseca aos processos que o estruturam e suportam, estamos dizendo que ele não é um caos. O mundo é organizado, perceber é o que acontece por estar diante de, e isso é um novo passo. Não há mais por que estudar elementos, o todo não é a soma de suas partes e, ainda, nada é fixo e determinado enquanto processo perceptivo, enquanto apreensão de realidades, pois existe a reversibilidade perceptiva. A relação de Figura-Fundo é uma constante, a reversibilidade da Figura em Fundo e vice-versa é uma condição dos processos perceptivos, e isso possibilita mudanças e continuidades na percepção. Exemplos típicos são as possibilidades de perceber um fato que está acontecendo agora no contexto de um acontecimento passado. A Gestalt Psychology traz novas luzes para o estudo do comportamento humano, e, mais, ela é uma antítese às teorias vigentes na época, como a

14 A Gestalt Psychology produziu "uma profunda mudança de perspectiva que afeta todos os ramos do pensamento humano", diz R. H. Wheeler, em *The Laws of Human Nature*, citado em *Principios de Psicología de la forma*, de Kurt Koffka (Buenos Aires: Paidós, 1953. p. 11).

posição behaviorista — o condicionamento de Watson e também o condicionamento operante de Skinner — dominante na primeira metade do século XX. No entanto, apesar desses grandes avanços, as divisões entre sujeito e objeto permanecem.

Reafirmamos que, toda vez que se busca o início ou um ponto de partida, continuidades se quebram, são invadidas arbitrariamente. Buscar causa e origem do comportamento ou do conhecimento (de como se conhece e do que é conhecido) é negar processos, continuidades, uma vez que são arbitrados os pontos de partida, pois eles são convenções, são resultados, estacionamento de processos, de continuidades. Imaginar que o aparelho locomotor (músculos, nervos, ossos e tendões) são as causas das direções que se escolhe é ingênuo e distorce a explicação do processo de caminhar. Não é o resultado que determina ou especifica processos. Caminha-se por ter condição de realizar esse comportamento, e o caminhar não implica seguir direções, mas escolher, repetir caminhos, embora quando se anda na direção *x*, *y* ou *z* isso seja resultado de outras variáveis que, a rigor, nada têm a ver com os músculos, ossos, nervos e tendões. Sempre achar que o que existe existe para alguma coisa (teleologia) é o pragmatismo responsável pela restrita apreensão de variáveis e configurações existentes.

Para apreender terapeuticamente a dinâmica comportamental do ser humano é necessário saber se ele se aceita enquanto possibilidade de relacionamento ou se ele se coloca como depositário responsável por uma série de atitudes, validações e realizações. Se ele vivencia o presente enquanto presente, vivencia o que a ele acontece como acontecimento ou o que acontece e aconteceu convergem sempre para receptáculos significativos de avaliação de bom e de ruim, por exemplo. Adaptação ou desadaptação são posicionamentos existentes no estar no mundo com os outros, criam imobilidade. Esses posicionamentos estabelecem regras, locais de bons ou maus resultados que aprisionam a individualidade.

Na Teoria do Conhecimento, insistir que tudo começa no sujeito e postular ideia, razão, consciência, cogito ou insistir que tudo começa no objeto e postular mundo físico ou coisas externas é extrair o processo do emaranhado, é extrair as interseções, ou seja, os pontos, das retas e a partir deles começar a avaliar dinâmicas. Realidade interna, externa, dentro e fora são convenções mantidas por pontualizações didáticas. Imaginar que o dentro de uma caixa pode ser o fora de outro espaço às vezes confunde a apreensão do que ocorre. Dialeticamente é uma forma de dividir para organizar, e quando se usa esses facilitadores para delineamento de existentes surgem dicotomias e consequentes parcializações do que se pretende globalizar.

O ser humano, o indivíduo é apenas uma possibilidade de relacionamento, e isso é tudo. Nesse contexto, a história, os processos têm nos mostrado que todas as mudanças ocorridas com a humanidade decorrem de interseções mais adensadas, mais explícitas. Invenção e descoberta são representadas por aspectos, histórias culturais que frequentemente possibilitam realizar uma série de atitudes para sobreviver como grupo ou etnia — como as histórias e conversas de tuaregues que, assim, conseguem chegar à decisão de ser nômades como forma de estabilização. É um paradoxo atingido pela exata compreensão e visualização das variáveis existentes. Na Europa pós-Segunda Guerra, inúmeros questionamentos e mudanças surgiram. Não estamos afirmando que o meio é que faz o homem, tampouco o inverso. É preciso entender que a variação comportamental do homem depende das inúmeras variáveis que o circundam, questionam e esclarecem. Resulta que tudo surge, aparece mantido e explicitado pelas interseções relacionais existentes, e isso vale para explicar as questões filosóficas e científicas, assim como as individuais. Nesse sentido, é encontro, é determinação, é pregnância e outras possibilidades de direção, de perceber existências e presenças. O que se deve evitar é transformar encontro (interseção de variáveis) em origem ou início, e a partir deles explicar os acontecimentos.

Nos aspectos psicológicos, nos encontros e desencontros humanos, tudo fica esclarecido e se define vendo o comportamento como contextualizado. Geralmente, a contextualização abriga também se sentir aceito ou não pelo que se é, pelo que se vivencia, se decide, se esconde e se revela. Imaginar padrões, regras, deveres, ter medo ou desejar é incluir novas relações, como se fossem novos riscados aos riscos, trajetórias, possibilidades gerais. Na esfera filosófica e epistemológica, a ideia de que o ser é uma possibilidade de relacionamento abrange os processos que ocorrem sem utilizar dogmas, a priori ou mágicas, como "tirar o coelho da cartola", que às vezes satisfaz e responde à maior parte das perguntas. É o caso das explicações via ideia de Deus ou de inconsciente. No século XIX as explicações dadas "pelo sangue bom ou sangue ruim" também reinavam como conclusivas. Atualmente, temos a noção de pobreza e riqueza como explicativa dos desejos e do comportamento humano, e ela é visivelmente uma abordagem deficitária.

Perguntar se o que é visualizado como caminho de descoberta realiza é uma pergunta que nega o que se busca. A pergunta só é válida quando resulta de uma antítese. É o confronto com o existente que a engendra e a estabelece. Nesse contexto, fica claro que a dialética esclarece quando apreendida em suas relações e questionamentos, transformação e mudança. Nesse sentido, o mundo, a vida e o outro sempre são questões desenvolvidas pelo encontro, e essa dinâmica, essa interseção, é o que mantém a alegria, a tristeza, a dúvida, a curiosidade. Não há medo no encontro, pois só existe medo quando existe omissão, ou seja, quando não existe encontro, salvo nos prolongamentos artificiais e pontilhados de suas vivências.

Quando dizemos que o ser é a possibilidade de relacionamento estamos falando da interseção de variáveis. Variável é tudo que ocorre, é tudo que enseja relação, isto é, que ocupa lugar no espaço, em um tempo passado, presente ou futuro, embora só possa ser vivenciado enquanto presente. Pelas vivências presentes relembramos (memória) ou antecipamos (pensamento), e, como percepção da percepção, constatamos, melhor dizendo, percebemos que percebemos. É essa dinâmica, esse emaranhado, essas interseções de fatos que configuram e estabelecem o nosso Ego/arquivo de vivências: memória, desejo, constatação. Ao escrever *A questão do Ser, do Si mesmo e do Eu,* afirmei:

> O Eu — sistema de referência mantido através de arquivos, catálogos etc. — é atualizado pela categorização, esgotando no posicionamento sua possibilidade de mudança. Todo sistema mantém, atualiza e muda. Sistema é processamento de movimentos. Processar movimentos implica atualização, manutenção e mudança. O Eu como sistema de referência é mantido pela memória, atualizado pela percepção e mudado pela interação estabelecida com os diversos contextos estruturantes. Posicionado além dos limites, as interações são feitas entre as relações de manutenção. Tudo passa por esse filtro, segundo a óptica da sobrevivência. O que é bom para mim, o que acrescenta, o que me prejudica. São os parâmetros/alvos. O outro não é percebido. Caricato disso é o pensamento do canibal quando vê o colonizador correndo e pensa: "lá vai minha comida![15]

15 CAMPOS, Vera Felicidade de Almeida. *A questão do Ser, do Si mesmo e do Eu*. Rio de Janeiro: Relume-Dumará, 2002. p. 48.

Quando o ser se posiciona — Ego — ele se nega enquanto possibilidade, pois está agarrado às situações de necessidade, à sobrevivência. Essa negação cria a proteção, as casas, "a morada do ser"[16] habitada por medo, vaidade, tédio, angústia, satisfação ou insatisfação. Parar e negar a dinâmica é criar processos de divisão responsáveis por problemas, neuroses, distorções perceptivas, mantedoras de autorreferenciamento.

16 Esse conceito de Heidegger, morada do ser, está aqui utilizado no sentido de suas implicações últimas, a imobilidade do ser. Admitir uma morada do ser é, partindo de posicionamentos, explicar a existência, o que foi feito por Heidegger, negando o ser como possibilidade de relacionamento.

TUDO É RELACIONAL, CAUSALIDADE NADA EXPLICA

A realidade é relacional, em outras palavras, tudo que existe é nela configurado. Quando isso não é percebido, se estabelecem origens e finalidades. Os pontos configurados pelas interseções passam a exercer pregnância e a nortear percepção, pensamento e explicação dos acontecimentos, dos fatos, fenômenos e realidades. Essas segmentações — em causa e efeito — tanto se desdobram quanto geram outras esquematizações que posicionam. Por exemplo: a realidade como algo vivenciado é considerada realidade interna, e quando se observa algo que se vê, que aparece, que se toca, ou seja, o empírico, ela é considerada realidade externa. Esses conceitos não passam de delimitações do inexistente — interno, externo —, mas mapeiam e determinam as divisões.

Real é o que é percebido, e, nesse sentido, o conceito de Husserl de que o aparente é o real é o dado fenomenológico que muito explica. Já vimos que as dicotomias epistemológicas de sujeito e objeto ou mundo interno e externo como realidades resultam de teorias causalistas e deterministas dos fenômenos. Esse retrocesso, essa escolha de locais e datação de tempo, esse causalismo associacionista amparado no empirismo, retirou o homem do mundo ao criar seus locais de atuação. Dividir o espaço em dentro e fora é um artifício metafísico criador de muitos tropeços. São as pedras no caminho, como é o caso do inconsciente, que desvirtuam, colocam anteparos, criam labirintos.

O que existe são dados relacionais, ou seja, as relações configurativas do estar no mundo, do ser com o outro. São decorrências, sucessões, encontros, desencontros. Não há prévios, inícios determinantes. Existem relações. Sujeito, objeto, dentro, fora, realidade interna e realidade externa são cortes, segmentações que configuram início, individualidade e situações. Dividir é segmentar, e separar para depois somar é uma atitude reducionista. Variáveis segmentadas para explicar processos não geram entendimento deles. É outra abordagem, diferente e fundamental, perceber tudo isso como relacional, variando em função de outros dados relacionais, ora configuradores de sujeito, ora de objeto, ora de dentro, ora de fora. Real é o percebido, é o vivenciado, não está dentro nem fora. É vivência, percepção, constatação (percepção da percepção), pensamento, que é o prolongamento perceptivo. Basta estar vivo para perceber. Quando se percebe que percebe, se constata, quando essa percepção é prolongada se pensa, e quando se pensa se comunica essa ocorrência, se fala. Pensamento e linguagem, nesse sentido, são continuidades perceptivas. Configuram dados relacionais, relações que nos situam em nosso mundo. Posicionados enquanto explicação, nesses dados relacionais, geramos configurações que passam a ser novos contextos, nova realidade, novas continuidades e interseções relacionais. É assim que, ao posicionar o dado relacional e a partir desse posicionamento elaborar explicações, são criados pontos de origem, de causa, de efeito.

Determinismo e causalismo não apreendem a diversidade, a configuração do estar no mundo, eles transformam o homem em sujeito desvinculado de quaisquer referenciais e, assim, o pontualizam enquanto significado. Não abarcam a totalidade dos fenômenos. Eu penso que a própria divisão em sociologia, antropologia, filosofia, psicologia, ou seja, os vários estudos do homem explorando os diversos aspectos que ele apresenta, são em si uma maneira de quebrar a unidade. Obviamente que como técnicas são válidos, assim como temos uma técnica para fazer comida, lavar roupa, deitar em uma cama, não vamos deitar em uma estante, vamos deitar em algo horizontal, mas não quer dizer que deva existir uma ciência específica para abordar cada situação.

Como bem nos alerta a dialética, o homem se desenvolve mesmo na alienação. A abordagem unificada me parece uma tendência que já está acontecendo à medida que se percebe que tudo é interseção de inúmeras variáveis. É um momento diferente do que acontecia no passado, quando o caráter abrangente das explicações se dava por falta de compreensão das interseções que constituem a vida. Na Antiguidade, a astrologia era a teoria que tudo explicava, desde as doenças, as chuvas, as colheitas até os humores, os temperamentos, as enigmáticas e repentinas guerras e as epidemias, porque não havia as configurações das interseções, das variáveis dos fenômenos. As pessoas apenas viam que aparecia uma praga de gafanhoto, que apodreceram todas as sementes, que a população ficou doente. A cada acontecimento se invocava um elemento para explicá-lo. Hoje em dia, percebendo a unidade e suas interseções, a apreensão e compreensão unitária dos fenômenos são maiores.

Neste livro, evidencio o que entendo por relação, com suas amplas implicações. Procuro de fato mostrar e descrever esse insight, no intuito de que as pessoas consigam pensar de uma maneira relacional, uma maneira em que entendam as variáveis, entendam que as coisas não têm princípio, começo e fim, embora sempre se possa arbitrariamente estabelecer que existem começo, princípio, fim, pontos de partida, pontos de chegada. No entanto, focalizar esses pontos só é válido nas situações específicas, universos particulares, motivações determinadas etc. É como uma observação simples e cotidiana: temos a hora de comer, a hora de dormir, mas não existe um organismo a partir da hora de comer ou da hora de dormir.

Relação é uma palavra que exprime ligação, semelhança, afinidade, por isso pode também ter o sentido de vivência, de convivência e, portanto, relação é relacionamento. Nesse sentido, existe relação ou relacionamento entre pessoas e relação entre situações, entre aspectos de inúmeras coisas. Podemos dizer que relação é tudo, pois tudo se relaciona. Discussões explicativas sobre o valor da existência humana, por exemplo, estão relacionadas, isto é, têm relação com crenças religiosas, interesses políticos e verdades históricas que precisam ser destruídas ou mantidas. Relação também é uma palavra usada para resumir comportamento: relação afetiva, relação utilitária, relação sexual, enfim, relação. Ela é vínculo, conexão, ligação, e, desse modo, muito pode ser expresso por essa palavra. Ela ocupa um tempo e é também espaço, intervalo entre sons, encadeamentos de sons e variações cromáticas. Em filosofia, no âmbito da Teoria do Conhecimento, na epistemologia, falar em relação tem sido buscar e estabelecer causas e origens, procurando saber o que vem primeiro: a ideia, a matéria, o sujeito, o objeto ou, ainda, a pergunta ou a resposta.

Considero que relação é a expressão da existência, isto é, da dinâmica, do movimento, da reversibilidade. Ela gera e é gerada, infinitamente. Uma visualização dessa dinâmica é, como venho exemplificando, o ponto e a reta: o ponto é a interseção de retas, e a reta é uma sucessão de pontos. O que esse exemplo revela é uma dinâmica que só pode ser captada e entendida pela ideia de relação, que implica continuidade e movimento. Não cabem, nesse contexto, indagações como: o que existia primeiro, o ponto ou a reta? O que causou o quê? Esse tipo de pergunta nega a dinâmica relacional, reduz e paralisa. É uma linearidade causalista que gera cortes arbitrários, que despreza a relação e foca seus resultados, seus polos. Em meu livro *Terra e ouro são iguais*,[17] quando falo de sujeito e subjetividade, temas essenciais

17 CAMPOS, Vera Felicidade de Almeida. *Terra e ouro são iguais*: percepção em Psicoterapia Gestaltista. Rio de Janeiro: Zahar, 1993. p. 25-39.

da psicologia, discorro sobre a criação do sujeito e do objeto, de como essas denominações geraram uma divisão e uma estagnação na maneira de enfocar o homem, exatamente porque focalizam os polos (sujeito e objeto), ignorando sua relação configurativa. Sujeito e objeto são polos de um eixo, resultam dessa relação que os constitui. Falar em subjetividade humana como uma categoria estanque é posicionar-se no sujeito, quebrando a reversibilidade perceptiva, isto é, do ponto de vista psicológico, a essência humana (a unidade) configura os polos sujeito e objeto. Em outras palavras, ser sujeito ou ser objeto é resultante de ser humano, e ser é possibilidade de relacionamento. Em psicologia, buscar entender e explicar o comportamento humano exige que sejam estabelecidos suportes teóricos a partir dos quais se determinam as dinâmicas comportamentais. Uns falam em instinto, outros em reflexos e condicionamentos, outros ainda em inconsciente e também em aceitação e não aceitação. Esse é o campo genérico e explicativo, mas é necessário perceber que o indivíduo, o ser, no caso o ser humano, é quem tem possibilidade de se relacionar. Ele é a relação, da mesma maneira que o aparelho visual é o dado relacional quando falamos em percepção visual. O ser é a possibilidade de relacionamento. Ele é essa continuidade, essa dinâmica, essa reversibilidade, que é estruturante, que não começa a partir de um ponto, seja ele biológico ou social. Ele é essa continuidade, sem marcações de início ou de término. Não começa, não acaba. Continua. E continuar é estar no mundo com os outros. Ser humano é ser possibilidade, é estar aberto, é o papel em branco, mas diferente da tábula rasa de Locke. O papel em branco é usado aqui para expressar que tudo vai ser configurado sem a priori.

Uma grande quantidade de variáveis, vivências e encontros são realizados desde que se nasce, e esses processos criam acúmulos, são os pontos de interseção de variáveis. Na continuidade, a existência desses pontos cria configurações, contextos inicialmente culturais e educacionais que vão moldando (às vezes até determinando) comportamentos. Não são estruturantes estabelecidos, não foram criados antecipadamente, pois resultam de encontros e vivências. É um devir, não é um antes, um início, uma origem. A visualização do indivíduo como exemplo dessa dinâmica relacional, graças às suas possibilidades de relacionamento, é o que define o humano, assim como também define o desumanizado. Esse processo relacional cria os sobreviventes, os que vivem para realizar suas funções biológicas e sociais e os que as transcendem ao questioná-las. Questionar o biológico e o social é descobrir possibilidades que não se esgotam nas contingências, principalmente as sociais, familiares e religiosas. Estamos falando de se aceitar enquanto possibilidade infinita de estar no mundo, de não se posicionar enquanto satisfação de necessidades e de contingências, pois esse posicionamento é responsável pelo aleatório, pelo provável, pelos anseios de realização e também pela contínua busca de um lugar ao sol, sem sequer perceber que o sol brilha para todos. Aceitar limites, alterá-los em referenciais de transformação e mudança é o que se consegue quando se faz a diferença entre possibilidades e necessidades, entre contingências, circunstâncias e previsibilidade. Não viver ao acaso, não ser um barco à deriva em um oceano de possibilidades e impossibilidades é o que se consegue pela autonomia. Essa âncora é determinante da resistência e também da aceitação do que pode ser vivenciado como fracasso. Não determinar valores em função de resultados úteis ou inúteis estabiliza o ser humano, é o que evita posicionamento vitorioso ou fracassado, é manter sua dinâmica, sua possibilidade de relacionamento, sem transformá-la em vitórias para cuidar ou derrotas para esconder.

Dizer que o ser é a possibilidade de relacionamento é uma afirmação que implica inúmeras outras, assim como obriga à explicitação de seus contextos configuradores. A indagação sobre o que é o ser sempre existiu na filosofia, mais explicitamente no contexto dos estudos ontológicos, que são os estudos que examinam questões relacionadas ao ser, e também nos estudos epistemológicos, que são aqueles que se ocupam do conhecimento, de como ocorre esse processo, de como o conhecimento é produzido e como ele é adquirido. Questionar a dicotomia idealismo-materialismo, presente em todas as correntes filosóficas, seja no campo da ontologia, seja no da epistemologia, com suas estruturantes ou consequentes afirmações sobre origem e causalidade, é fundamental para entendermos o ser como possibilidade de relacionamento.

Nosso foco é o humano e é realizado do ponto de vista fenomenológico, enquanto método, visualizado como o que ocorre, o que aparece, o que se evidencia. É necessário, aqui, delimitar o ser como sinônimo de ser vivo, de matéria orgânica. Escolhemos falar de ser humano pela pluralidade de relações que o configuram e pela reversibilidade dos processos que o atingem. Conceituar o homem como criado à imagem e semelhança de Deus, como fruto, aparição e realização do divino é uma visão metafísica, mágica e religiosa. No entanto, o princípio epistemológico dessa visão — a ideia de início, de ponto de partida — está presente na filosofia contemporânea, na psicologia, antropologia e sociologia, que, apesar de serem abordagens que criticam a metafísica e a religião, que negam ou rejeitam a ideia de Deus, quando tentam explicar o que é o ser humano colocam o homem em algum sistema que o explica e que se constitui em origem ou partida. Um ponto a partir do qual tudo se inicia e se esclarece, como o homem na cultura ou na sociedade. Em outras palavras, ele é explicado pela cultura à qual pertence ou pela sociedade na qual se formou e vive etc. Na psicologia, a explicação gira em torno dos ditos instintos, das características biológicas, da natureza humana, que determinam as necessidades e possibilidades dos homens, principalmente por meio dos mecanismos de adaptação e desadaptação. Essas visões são elementaristas e reducionistas, pois explicam o ser humano como determinado por suas dimensões biológica e social. A ideia de tudo ser causado e tudo criar efeitos contamina o *cientificar*,[18] contagia as explicações atuais. É como se pensássemos que as retas não são sucessão de pontos, ou que os pontos não são interseção de retas. Achar que o que acontece decorre de algo acontecido é o vício aristotélico, o causalismo que mapeia o mundo.

É fácil de entender, mas difícil de pensar, de perceber[19] o conceito de relação. É difícil admitir que o que existe, existe em processo, quando se advoga que toda a existência e que tudo é resultado. Processos exigem configurações dinâmicas para sua apreensão. Ainda somos aristotélicos e dominados pela física newtoniana e pela aritmética. A visão quântica é restrita a um pequeno círculo e não influencia o pensamento contemporâneo. Sair das categorias aristotélicas nos leva a ampliar e modificar o contexto da nossa percepção, das nossas perguntas e respostas. É estar, sem a priori, diante do que ocorre. É voltar-se para as próprias coisas e acontecimentos, como sugeriu Husserl, e estar neles, percebendo o que ocorre. O existente basta. É o que está aqui

18 Usamos esse neologismo para resumir todas as interseções do saber atual. As ideias reducionistas de causa e efeito são tão operantes e vivas quanto nos tempos aristotélicos.

19 Pensamento é prolongamento da percepção. Desenvolvi esse conceito no capítulo "Pensamento como prolongamento da percepção", no livro *Como perceber e transformar a neurose*, p. 29.

e agora comigo. Sugerir antes, sugerir criação e buscar finalidades é estabelecer direções que podem até ser necessárias para outras configurações, mas que nada têm a ver com o existente. Não há causa ou propósito, anterioridade ou posterioridade, há apenas o existir, o que é percebido e que é a possibilidade de relação. As possibilidades de relação são infinitas, dependem de acontecer. Acontecimentos ocorrem em algum lugar e tempo e nesse sentido são dinâmicas configuradoras, são possibilidades infinitas limitadas por sua própria ocorrência.

A transformação da possibilidade infinita em ocorrência é o limite situacional. É o traço riscado na multiplicidade, é o caminho, o fato, e é também o homem no mundo. Ser no mundo — o ser — é a possibilidade de relacionamento. Não há determinantes prévios ou causas, tampouco efeitos aos quais se destine. Há possibilidades. Apreender esse universo e essa pluralidade de relações é o que se impõe ao indivíduo que pergunta quem sou eu? Para onde eu vou? É também o que precisa ser respondido pelas ciências que lidam com o humano. Para que se percebam e entendam processos é necessário abrir mão de a priori: de vocações, instintos, regras cármicas, determinações divinas, castigos sociais etc. O ser humano não pode ser entendido por sua suposta filiação divina, tampouco pelas explicações causalistas ou mesmo condicionantes dos limites sociais, ou dos que, focados nas condições econômicas, o entendem como resultante de realização, luta ou desistência. Ele também não pode ser explicado pela evolução biológica. Ele, o ser humano, é a possibilidade de relacionamento, e quando isso é configurado e admitido abre-se uma miríade de explicações nas quais tabus, regras e pontos fixos são escolhos, obstáculos desfiguradores do ser, pois ele é assim percebido e apreendido no bojo dessas esferas, e consequentemente engolfado, amparado por outras variáveis que não as de sua característica definidora, que é ser uma possibilidade de relacionamento. Quando se percebe o ser (humano) como possibilidade de relacionamento, e apenas como tal, é eliminada uma série de situantes aprisionantes responsáveis por distorção ou desvios do que se quer configurar.

Não existem instintos, não se nasce com configuração determinada disto ou daquilo. Nascemos apenas como possibilidade. Essa possibilidade estabelece relação, passa a significar com objetivos ou causas, mas não pode ser confundida com causa (o que passou) ou objetivo (o que ocorrerá). Análises causalistas geralmente não conseguem explicar os fenômenos, pois não apreendem a totalidade estruturante deles. Nascer com olhos azuis ou nascer com olhos castanhos, por exemplo, não é determinante do que a pessoa vê, como afirma a crença popular, acreditando que a incidência de raios luminosos é mais forte em uma situação do que na outra. A sensibilidade à luz é dada pelas células fotossensíveis que estão na retina, muito atrás da íris e do cristalino, e não pela cor da íris. Não é ela que determina o que se percebe. Do mesmo modo, nascer em sociedades e famílias ricas ou em sociedades e famílias pobres não é o que vai determinar a maneira como o indivíduo lida, participa e reage ao que o situa, ao que o contextualiza. Os determinantes de sua participação sempre serão encontrados em suas atitudes de concordância e discordância. Pode-se dizer sim ou dizer não, tanto à pobreza quanto à riqueza. Sim ou não são resumos de vivências que não podem ser tratadas como causadas, determinadas pelos estímulos e contextos, já que as vivências não são unilaterais. As situações aparecem sempre revestidas e situadas em inúmeras variáveis. O dado isolado é um artifício, é a pontualização de vivências para, assim, explicá-las. Às vezes o mais estabelecido como agradável e motivador na família é, por exemplo, o abraço reconfortante da babá; outras vezes é o tropeço sistemático do pai que estimula a ficar em pé. Os determinantes não são o abraço ou o pai que tropeça, são as configurações dessas diversas contextualizações que passam a significar. O raio de sol batendo no olho pode possibilitar assassinos,[20] assim como é a convivência com a diversidade que tanto amplia quanto reduz possibilidades. Nascemos com possibilidades de relacionamento que vão se ampliando e restringindo em função das diversas sinalizações que surgem na nossa trajetória e nas nossas vivências. É importante observar

20 No livro *O estrangeiro*, de Camus, encontramos essa vivência.

que não há mudança quantitativa na possibilidade de relacionamento, pois ela não é quantificável.

Quando existe aceitação de limites, existe possibilidade de transformá-los. Essa é a verdade terapêutica que promove mudança. Aceitar que não se aceita e que tem problemas e dificuldades permite transformar medos, invejas e desvalorizações. Viver escondendo, camuflando, justificando seus problemas e dificuldades gera divisões. Estar dividido é se transformar em um outro que não tem existência, contexto e mundo próprios, pois existe apenas para funcionar e conseguir driblar falhas, realizar e assegurar desejos de sucesso e riqueza, de ser aceito e significar socialmente, por exemplo. É comum ouvir nas sessões psicoterápicas queixas de não aceitação da própria vida e problemas e que se não estivessem sozinhos, se não morassem no exterior, a vida seria maravilhosa, ou, ainda: "tudo é culpa da minha mãe" ou "meu pai foi um ranzinza autoritário e isso me orientou para as drogas, eu era muito individualizado e não queria seguir regras". Aparece sempre a ideia de outras situações apresentadas que causam o problema, seja um defeito ou uma dificuldade situacional.

Exercer as possibilidades relacionais requer aceitação delas, o que implica também não localizá-las ou dirigi-las para outros contextos, outras situações, como objetivo de vida e satisfação, metas e desejos. Quando as possibilidades relacionais — o ser — são avaliadas em função de vantagens e desvantagens, de ajustes e desajustes, seja na esfera da família, sociedade e escola ou no contexto dos amigos, o indivíduo é imobilizado em suas possibilidades, pois começa a se agarrar e apoiar no que conduz à consecução de suas metas e propósitos. Essa imobilização em função dos desejos cria autômatos preparados para conseguir os resultados almejados. Assim é criada uma fileira de pessoas buscando vitória, riqueza e sucesso. É o processo de desumanização, no qual o indivíduo é transformado em objeto, produzido pela realização de suas ambições, metas e desejos.

As visões psicanalíticas consideram e estudam o comportamento humano como se ele fosse determinado por características individuais e subjetivas expressas na ideia de mundo interno (Id, Ego e Superego) e também determinado por características situacionais e objetivas (relações na família e sociedade, ou seja, mundo externo), esquecendo que a própria divisão da realidade em interna e externa, em mundo do sujeito (subjetivo) e mundo do objeto (situações externas ao sujeito, projeções dele), distorce o que pretendem entender e analisar. Dividir a realidade em interna e externa é artificialmente criar mundos, campos de atuação. É lançar "caixas-pretas" no mundo e tentar desvendar seus segredos depois de ter criado o artifício de isolá-las dos seus estruturantes constituídos e constituintes. Esse é um artifício irreparável para o entendimento do comportamento humano. É uma atitude danosa na medida em que passa a buscar o segredo escondido, as motivações inconscientes como explicação e determinação do comportamento, como objetivo das explicações psicológicas.

O ser humano é integralmente estabelecido no estar no mundo com os outros, e é esse dado relacional que estrutura suas motivações, realizações e frustrações, seus medos, angústias e comprometimentos, assim como sua possibilidade de mudança ou de permanência. É a possibilidade de participar e de aceitar ou não participar e não aceitar que configura o ser no mundo. Sem a priori podemos apreender esse processo, desde que não situado, nem estereotipado em determinismos e reducionismos classificatórios. As visões correntes, que insistem em reduzir o ser humano a aspectos sociais, econômicos ou culturais se tornam discutíveis, pois esses aspectos são percebidos como causas, gerando efeitos criadores de novas atmosferas e novas causas.

Sem exagerar, poderíamos dizer que o ser humano é imutável enquanto possibilidade de relacionamento, e ele é apenas isso. Essa imutabilidade é o que permite mudança, permite ser qualquer coisa em qualquer situação, pois a possibilidade relacional é a constante imutável. A filosofia metafísica e a religião confundiram essa imutabilidade (possibilidade de relacionamento), entendendo-a como sinônimo de característica individual, como dom, talento ou dificuldade que levam a manter determinados comportamentos significados como bons ou como maus. Ver o homem como fruto de Deus, da sociedade, de sua estrutura orgânico-biológica ou familiar cria uma série de a priori e estereótipos.

O homem não nasce bom ou ruim, capaz ou incapaz, ele nasce com possibilidade de relacionamento, e isso vai se configurar conforme o outro, o mundo e o sistema no qual ele estiver inserido, não como causa ou efeito, mas como participante engajado ou isolado. Falar de participação isolada parece um absurdo lógico. Um contrassenso dentro de visões reducionistas e causalistas. Participação isolada é o que se realiza no autorreferenciamento, pela vivência distorcida do aqui e agora quando ela é reduzida ao passado e ao futuro, e inserida em diversos outros contextos. Vivenciar o que ocorre acompanhado de desejos e memórias cria híbridos. Participação enviesada — ver a vida de viés — por meio das lentes dos desejos e frustrações coaguladas cria a participação isolada, isto é, ela é isolada em relação a *x*, pois só participa dele por meio de outros referenciais. Essa atitude quebra a continuidade do estar no mundo com os outros, transforma as possibilidades relacionais em uma zona fixa de possibilidades ou mesmo de impossibilidades. A interseção do que se vivencia com o que se gostaria de vivenciar ou com o que teme repetir, essa junção do passado, presente e futuro gera distonia e impedimentos. São situações que limitam as possibilidades relacionais, fazendo com que as ações e os comportamentos se reduzam à manutenção, já que passam a automaticamente nos conduzir. Nesse momento, o que é possibilidade relacional passa a ser vivenciado e percebido como acúmulo: sucesso, insucesso, expectativa de resultados. É, metaforicamente, andar com placas sinalizadoras no caminho. Seguir a direção aprendida, seguir a corrente ensinada, fazer o que tem que ser feito, reproduzir. Perde-se o novo e a repetição embrutece, enrijece, e, assim, reduzindo sua possibilidade de relação, o indivíduo se esconde no que faz e no que tem. É oportuno lembrar como a definição de Heidegger do ser humano como Dasein é questionável. Ela cria espaço e perde a fluidez do estar no mundo com o outro. Permanecer é diferente de mudar, embora só por meio de constantes mudanças se permaneça.

Para Heidegger, o Dasein é o ser[21] e a linguagem é a morada do ser, porque é ela que dá sentido ao mundo. O Dasein é o ser-aí que está sempre se projetando, saindo de si mesmo. O próprio Heidegger sofreu a influência de Husserl, que era seu professor, mas distorceu os ensinamentos ao criar classificações e reducionismos ao falar que o ser-aí está sempre saindo de si para projetar-se. Para visualizar essa ideia em uma imagem, é como ejetar, lançar o ser no mundo.

O indivíduo apenas percebe o mundo, e perceber é conhecer. É esse processo de percepção (conhecimento) que estabelece a relação ser e mundo. É exatamente aí que podemos perceber, perceber que percebemos, pensar as possibilidades relacionais. Essa conclusão é impossível quando se acredita que a percepção é elaboração das sensações, e que essa organização é uma forma superior feita por meio de associação de ideias. Essa visão retira a imanência dos processos, divide os

21 HEIDEGGER, Martin. *Ser e tempo:* parte I e parte II. Petrópolis: Vozes, 1988.

polos da relação eu e o outro, eu e o mundo em interno e externo, criando inúmeros problemas. É uma continuação de Aristóteles, Platão e outros. Freud também é exemplar ao ampliar e manter esses dualismos reducionistas no conceito de instâncias psíquicas: Id, Ego e Superego.

Essas noções continuam vigorando na psicologia, e nunca é demais salientar e repetir que afirmar categorias de sujeito e objeto é uma maneira de negar o indivíduo, assim como a colocação de mundo externo e interno é danosa para pensar a continuidade do universo, dos fenômenos, do homem. São falsas dicotomias que separam o uno, que dividem para entender, são esquemas didáticos, fáceis de decorar e registrar, mas que impedem a compreensão dos processos humanos. É mais fácil situar e determinar do que apreender as relações que situam e configuram. O pragmatismo para atingir resultados é sempre nocivo e alienante, além de transformar a vida em competição na qual vitória ou fracasso são os significadores de tudo.

Para apreendermos a dinâmica existencial, é necessário entender que permanência é diferente de mudança, embora, como afirmamos anteriormente, somente pelas constantes mudanças se permaneça, e essa é a única forma de não autorreferenciar. O instante e a passagem são a continuidade. Apenas por meio de configurações teóricas que não reduzam o indivíduo a classificações e também pela apreensão da totalidade do ser humano exercendo sua possibilidade relacional, apenas desse modo podemos percebê-lo em suas atualizações diversas. Não existem causas gerando relacionamentos, existem possibilidades relacionais exercendo comportamentos, ampliando suas ações ou as reduzindo às dimensões contingentes necessárias e voltadas para sobrevivência e bem-estar. Sobreviver perseguindo e querendo bem-estar é uma atitude hedonista que despersonaliza. O indivíduo direciona sua possibilidade relacional para bem viver, sem questionar o que vivencia. Existem situações nas quais, não havendo questionamento, o bem viver significa destruir o vizinho, e as guerras e as lutas fratricidas bem exemplificam isso. As sociedades, ao longo dos séculos, buscaram regulamentar esse reducionismo sobrevivente. "A lei do mais forte", o "vence quem pode", os autoritarismos, assim como as religiões, sempre foram discutidos e posteriormente criticados, pois em suas vigências causaram muita destruição; a Inquisição é um exemplo.

É fundamental visualizar o ser como possibilidade de relacionamento, pois isso permite abolir uma série de tabus, preconceitos e a priori, tais como virtudes e pecados humanos, incapacidade (idiotia) e capacidade (genialidade), bondade e maldade como características do humano. É importante se deter em comportamentos e não em resultados ou em impedimentos. As variações de bem e mal dependem dos contextos, das possibilidades relacionais. Não há um bem ou um mal antecipados, as variações de bem e mal dependem dos contextos. Definir o homem e sua existência é uma questão filosófica, epistemológica, religiosa e social, assim como é uma constante interrogação que impera no cotidiano das disciplinas (psicologia, antropologia, sociologia) voltadas a estudar e compreender o humano, seu comportamento, desejos e motivações. John Locke (1632-1704), empirista inglês, dizia que o homem é uma tábula rasa,[22] que a mente (intelecto) humana é uma folha de papel em branco ao nascer, sendo moldada e escrita ao longo da vida pela experiência. David Hume (século XVIII) mantinha o empirismo, mas o contrariava ao dizer que nada há no intelecto que não passe pelos sentidos,[23] salvo o próprio intelecto entendido como sensações e percepções. Estudar e situar como se conhece tem sido a ocupação constante da filosofia desde o "penso, logo existo",[24] ou seja, a ideia determinando a existência, até o materialismo, que afirma ser a matéria que cria a ideia, que cria o conhecimento. Exemplos de dualismo se encontram nas diversas ciências humanas, como na psicologia, onde a grande discussão é entre hereditariedade e meio. Muitos psicólogos achavam que toda a vida psicológica dependia fundamentalmente da hereditariedade, outros advogavam ser o meio o fator determinante.

• • • • • • •

22 LOCKE, John. *Ensayo sobre el entendimiento humano*. Ciudad de México: Fondo de Cultura Económica, 1956.

23 HUME, David. *Tratado da natureza humana*. São Paulo: Editora Unesp, 2009.

24 "*Cogito, ergo sum*" ou "Penso, logo existo", de René Descartes. O *discurso do método*. São Paulo: Abril, 1973 (Os Pensadores, v. XV).

Basta lembrar das ideias de Lombroso e de Rousseau. Sabemos que esse embate entre idealismo e materialismo é frequente na filosofia. Geralmente, inúmeras afirmações em diversas áreas são desenvolvidas sob um desses dois polos, e a psicologia não foge à regra. São constantes, ao longo dos séculos, as discussões sobre se o que determina o comportamento humano é a ideia ou a matéria, a razão ou a experiência. Behavioristas focam na experiência e aprendizagem, enquanto Freud, com a psicanálise, coloca-o no postulado aparelho psíquico, na ideia de inato ou de adquirido (Id e Ego), admitindo também transições perturbadoras ou esclarecedoras do que se quer entender e explicar (Superego).

O resumo das discussões, controvérsias e experimentos são as perguntas: O que é o humano? Como se desdobra o comportamento do homem? Do que ele depende? Como ele se forma, se estrutura e se organiza? As situações se tornam mais complexas ao entrar no reino das patologias, neuroses, loucura e problemas, assim como nas distopias atuais. Marcados e situados por referenciais filosóficos, estruturou-se o pensar e fazer psicologia, e é por meio da ideia de hereditariedade e meio — aspectos biológicos e sociais — que se desenvolveram suas teorias. Nascemos "prontos" à imagem e semelhança de Deus (religião), somos fruto da evolução biológica (Darwin nos orienta) ou tudo é resultante da sociedade, da família e da escola? As respostas a essas perguntas têm enfatizado concepções como condicionamento, instinto, talentos, vocações, capacidades e incapacidades. Contemporizações e contradições marcam esse processo. Nele, o subjetivo é inventado e valorizado. A noção de tábula rasa tem em Kaspar Hauser um grande exemplo afirmativo, pois ele foi um jovem encontrado abandonado em uma praça da Nuremberg do início do século XIX que não falava porque não conhecia nenhuma língua, só se alimentava de pão e água, se mostrava confuso com relação a coisas básicas como diferenciar fantasia e sonho de realidade. Na Alemanha e em toda a Europa daquela época, ele se transformou na prova viva de que o ser humano nasce uma página em branco. A partir desse contato com a sociedade alemã, ele, que tinha crescido isolado até então, aprendeu alemão e adquiriu alguns hábitos.

Tantas contradições e discordâncias permitiram um conceito que a todos satisfez: adaptação e desadaptação, e atualmente isso é entendido como ser funcional e disfuncional. O trabalho psicológico, seja qual for a sua fundamentação, busca esse objetivo, ou seja, de melhorar a vida e a convivência do humano. Estruturar técnicas, estabelecer conceitos em função de resultados é operacionalizar o conhecimento. A operacionalização do conhecimento, em última análise, estigmatiza, pois, ao criar as esteiras e os sistemas de operacionalização, gera estereótipos, trabalha com tipos, escalas, tabelas e filtra o fluido, coagulando amostras. Tabelas e regras de quantificação negam o qualitativo. É como estudar o movimento das ondas marítimas apenas por meio do estudo da água recolhida em reservatórios.

Admitir que o ser vivo é uma possibilidade relacional é admitir que isso dispensa prévios determinantes. Não se nasce com indicação de talento, vocação, depressão, alegria, inteligência, obediência, desobediência, arte, esperteza, curiosidade e medo. Kaspar Hauser, na verdade, elucida exemplarmente isso. Ele não é a página em branco pensada pelos empiristas. Nem tudo depende da experiência, tampouco da razão. Locke (sensação), Hume (experiência), Descartes (cogito-razão) não conheceram o homem, assim como Freud, ao imaginar as instâncias psíquicas, não nos descreve, e também não nos conhece. Ao nascer, ao estar no mundo com o outro, ou seja, por meio de relacionamentos, aprendemos uma série de elementos culturais (língua, hábitos e costumes) e, principalmente, somos aceitos enquanto nós próprios — possibilidades relacionais — ou somos endereçados à realização de atividades que incentivam valorização ou desvalorização, que nos regram, padronizam e decidem onde caminhar e o que fazer. Os processos de não aceitação e aceitação determinam as motivações humanas. É assim que surge o desejo, o medo, a coerência, a coragem ou a covardia. Ser aceito pelo que se consegue fazer de produtivo e útil cria eficientes administradores, assim como grandes organizadores de lucrativa distribuição de drogas ilícitas, por exemplo. Atualmente, é cada vez mais raro encontrar pai ou mãe que aceitem o filho enquanto filho. Eles geralmente veem a cria, o rebento, como o que tem que ser cuidado para, amado por, educado a fim de. Desse modo, as contingências passam a delimitar as possibilidades relacionais. Qualquer fluxo ou dinâmica represada e organizada é, em certo sentido, estrangulada. A imobilidade começa a gerar limites e divisões, surgindo as não aceitações. Os processos de despersonalização se instalam e o viver enquanto possibilidade relacional é transformado em exercício de pular obstáculos, atingir marcas e pódios vitoriosos. A meta, o objetivo, a ambição que não se realizam, frustram, e, se forem atingidos, esvaziam. O indivíduo perde a condição básica de estar no mundo: de ser disponível, de estar de olhos e braços abertos para o que acontece. Só assim ele pode lidar com o que é considerado bom ou considerado ruim, só assim ele realiza suas possibilidades relacionais. Ser aceito pelo que se é, não importa o que seja, gera indivíduos felizes, satisfeitos com seus limites, com suas possibilidades e impossibilidades.

Voltando à questão de o que é o real, do que é realidade, considerar que realidade é o que é percebido, assim como dizer que o aparente é o real (baseando-me em Husserl, em sua fenomenologia, como método)[25] e, ainda, lembrar das considerações de meio geográfico (meio tal como a ciência o descreve) e meio comportamental (meio tal como o percebemos)[26] são fundamentais para

25 HUSSERL, Edmund. *La Crise des sciences européennes et la phénoménologie transcendentale*. Paris: Gallimard, 1976.

26 KOFFKA, Kurt. *Principios de psicología de la forma*. Buenos Aires: Editorial Paidós, 1953. p. 91.

apreender o conceito de realidade estabelecido a partir da percepção.[27] Não se trata de solipsismo,[28] ou seja, de reduzir todo o conhecimento ao sujeito, pois percepção é um processo relacional, consequentemente, não se esgota no indivíduo. É estar vivo. Ela não é mais entendida como sensações organizadas pela mente, pela consciência, pelo sujeito. Essa relação perceptiva supõe um sujeito e um objeto. Esses dados relacionais não são fixos, não são predeterminados. O indivíduo é sujeito, é objeto a depender de seus constituintes relacionais. Essa reversibilidade perceptiva é constante, exceto nas situações de autorreferenciamento, nas quais o indivíduo se sente o ponto de partida, o início, a origem e propósito de tudo que ocorre, de tudo que percebe. Essas quebras relacionais, geradas pelo autorreferenciamento, equivalem tanto às visões solipsistas quanto ao considerado perfeito e racional cogito cartesiano como explicitação de vivências subjetivas.

Clareza sobre conceitos como real, realidade e alucinação é fundamental na psicologia. Ao longo do meu trabalho e escritos afirmo e reitero aqui que não há o mundo do sujeito, ou o mundo do objeto, ou realidade

27 Tenho um livro dedicado ao conceito de realidade a partir da percepção: *A realidade da ilusão, a ilusão da realidade* (2004).

28 Não estou aderindo ao solipsismo, uma concepção filosófica que reduz a realidade ao sujeito, que afirma não existir nada além do sujeito pensante, "de sua consciência", assim como a afirmação dualista de que não existe conexão entre seu conhecimento pessoal e interior e a realidade objetiva.

interna ou externa, realidade de dentro ou de fora, muito menos subjetividade como representação do sujeito e do conhecimento.[29] Basear os estudos em princípios como direções, divisões e dentro e fora é um didatismo arbitrário que distorce, além de criar causalismos que emperram a compreensão dos acontecimentos.

Real é o vivenciado, o que existe para ser vivenciado. E quando falamos em existir para, nos referimos a possibilidades que ocorrem em vários níveis, como memória (vivências passadas atualizadas) e pensamento (prolongamento perceptivo) com referenciais passados, presentes e/ou futuros.

Quando os gestaltistas estabeleceram os níveis de realidade entre meio geográfico e meio comportamental, eles permitiram que várias situações fossem explicadas, como o clássico exemplo de atravessar cavalgando o Lago Constança congelado[30] sem o saber e quando o cavaleiro descobre o que fez, desmaia, ou, em outro exemplo, o se agachar para pegar um galho de cipó e rápido largá-lo, percebendo que era uma cobra. É importante notar que Koffka conceitua o meio geográfico

29 Em meu livro *Terra e ouro são iguais* (1993) existe um capítulo sobre esse tema do sujeito e do objeto, da subjetividade e da objetividade.

30 O cavaleiro do Lago Constança é uma lenda germânica, ambientada nesse lago, que fica na fronteira entre Alemanha, Áustria e Suíça. Uma de suas versões diz que em tempos medievais um cavaleiro atravessou cavalgando todo o imenso lago congelado sem saber que era gelo frágil sobre um lago e não sobre terra firme. Logo depois, ao tomar conhecimento do que fez, desmaia.

como meio tal como a ciência o descreve, sem criar a priori ou dualismos, como mundo físico ou mundo do que está aí, o mundo de verdade ou o mundo da ilusão. Dizer que é um mundo tal como a ciência o descreve é a percepção do mundo segundo regras ou parâmetros consensuais considerados científicos. Inúmeras distorções perceptivas podem ser explicadas por essas conceituações. Entender e afirmar que o aparente é o real, conceituado por Husserl, explica também essas vivências.

O processo relacional é o que estrutura o comportamento e realidades. Voltando a considerar planos e espaços, retas e pontos, interseção é a plastificação das dinâmicas relacionais. Podemos dizer que o espaço é o mundo e, ainda, que ele nada mais é que a sucessão de retas, de continuidades, dos pontos resultantes de interseções. É a miríade de aspectos que deve ser configurada para que se possa apreender e globalizar as dinâmicas nela estabelecidas. Os posicionamentos são as paradas, as estagnações estruturantes do autorreferenciamento. O medo, a vontade de vencer, a ambição, a vontade de superar obstáculos, a certeza de não vencer e a convicção de nada poder fazer são posicionamentos resultantes da não aceitação do que ocorreu, e, quanto mais manutenção de não aceitações, mais determinantes de problemas e neurose. Na esfera psicoterápica esses posicionamentos são encontradiços: o fato de ter sido excluído, de não ter sido reconhecido, de ter sido desconsiderado por aspectos e características que não correspondiam aos desejos e objetivos (quer da família, quer da sociedade) são alguns exemplos. Nesse sentido, buscar superação é criar mais impedimentos, obstáculos que compartimentalizam e represam dinâmicas do estar no mundo com o outro. Questionamento — colocar-se em outra posição, movimentar-se — abre clareiras e descortina novas possibilidades ou novos impedimentos, enfim, mudanças enquanto apreensão de variáveis. Sendo essas variáveis orientadoras do que deve ser evitado e do que deve ser atingido, elas se tornam limitadoras. Estar voltado para o depois, para o futuro, para realização e destruição do que oprime é despersonalizador. Assim, o mundo é transformado em pódio, arena, campo de batalha, campo de encontro das comemorações vitoriosas e benéficas, negando que viver é passar, é continuar, é estar disponível para o que ocorre. Só com disponibilidade, aceitando limites e possibilidades estaremos presentes e não presos em caixas restritivas ou cápsulas protetoras.

CONSIDERAÇÕES SOBRE INÚMERAS QUESTÕES

Não há nada mais prático que uma boa teoria.

Kurt Lewin[31]

....

31 Essa citação é atribuída a Kurt Lewin e citada por H. J. Stam em "Theory and Practice" no livro *Problems of Theoretical Psychology*, editado por Charles Tolman, Frances Cherry, René van Hezewijk, Ian Lubek, p. 31.

É possível ser feliz sempre?[32]

Há muito tempo, vários filósofos, psicólogos, romancistas e poetas se debruçaram sobre o tema da felicidade, a definiram de várias maneiras, analisaram etimologias (felicidade, feliz), a associaram com alegria, prazer, sorte, criticaram tais associações, a descreveram como objetivo supremo da existência, falaram da sua impossibilidade, atribuíram a ela níveis e intensidades diferentes. Enfim, reconheceram nos homens um estado ou uma aspiração a um estado, classificado geralmente como satisfação ou continuidade de sentimentos positivos.

Os autores gregos — poetas ou filósofos — entendiam felicidade como uma condição favorável dada pelos deuses, sujeita à sorte e dependente do bom senso humano para ser mantida, bom senso que entendiam como prudência e reverência aos deuses. Quando as ações humanas não se pautavam nessas atitudes advinha a infelicidade (a tragédia, o drama), que, obviamente, dependia também das vicissitudes da sorte, da vulnerabilidade diante das mudanças. Considerar a participação humana na condição de felicidade é o ponto de interseção entre a noção de felicidade e de ética na Grécia antiga. Ser agraciado com a felicidade e ser capaz de mantê-la dependia dos valores e atitudes humanas.

32 Publicado originalmente na revista *Psicologia*, especial nº 30, Editora Mythos, 2016.

A noção de felicidade como dádiva divina ou como acaso e golpe de sorte persiste no senso comum, apesar de ter adquirido novos significados relacionados à sua dimensão ética como condição fundamental: prudência e reverência aos deuses não são mais os valores básicos para conquista da felicidade. No mundo moderno, felicidade pode estar associada à tranquilidade, bem-estar e satisfação afetiva tanto quanto à abundância e acúmulo de bens materiais, prazeres e poder. Essas associações feitas em relação à felicidade têm implicações psicológicas importantes devido às especificidades de certos comportamentos que a configuram, principalmente no que se refere à entrega e ao esforço.

Atitude de entrega às situações depende da aceitação de limites, da aceitação da realidade — do que está acontecendo. Essa disponibilidade gera encontros que não se constituem em contradições ou conflitos. É fácil vivenciar tudo que ocorre quando há entrega, entretanto, paradoxalmente, entregar-se é difícil. Para que aconteça a entrega é necessário estar inteiro e presente, e esse é o complicador que cria infinitas variáveis. Uma dessas variáveis é a frequente divisão no cotidiano das pessoas, pois as circunstâncias e os outros indivíduos geralmente estão sintonizados com outros interesses, com motivações diversas. Os relacionamentos entre pessoas muitas vezes criam conflitos de interesses. Estratégias, persuasões e discussões dificultam a entrega, impedem os encontros, criam expectativas: o que se vivencia e o que se espera que aconteça são referenciais geradores de divisão, são tonalizadores de entrega parcial, isto é, do fazer de conta que está entregue. É uma dificuldade que cria maneirismos que vão da sedução ao fingimento, e assim é impossível vivenciar completude, satisfação, felicidade.

É difícil viver o que acontece quando as expectativas de realização, os sonhos e desejos dirigem, despertam e mantêm a conduta e os comportamentos. O constante esforço para se entregar e esconder as dificuldades cria objetivos. A entrega não conseguida é substituída pelo esforço para atingir o que se espera que traga felicidade.

A felicidade como algo que é adquirido pela satisfação dos desejos e metas é uma noção cada vez mais explorada e propagandeada, torna-se um bem, está nos objetos ou nos lugares: nos perfumes, nos paraísos turísticos, nos bens imobiliários, nos eletrônicos, na participação nas redes sociais. Alguns exemplos de propagandas podem ser: "Perfume... a essência da felicidade", "Seja feliz para sempre, venha morar em...", "Família feliz passa as férias em...", "Conecte-se e compartilhe sua felicidade" etc. Aparentar felicidade é a norma, evitar sofrimento ou enfrentamento de problemas é o almejado. O marketing do "seja alegre e feliz" domina e envenena os relacionamentos contemporâneos e as aspirações modernas. O consumo é associado à felicidade, e, assim, ela passa a estar em toda parte, atraindo buscas para aquisição do que se deseja, do que se sonha, como vestuário, joias, casa própria, viagens etc. A própria ideia de se perguntar se é possível ser feliz sempre é uma ideia que contingencia a felicidade, ela fica como uma repetição, um complemento. A felicidade pode ser para sempre? Tanto quanto os diamantes são para sempre, mas mesmo os diamantes… não temos a zircônia? Perdeu-se a autenticidade. Qualquer coisa que possa ser comparada, imitada, conseguida, desejada já é uma aderência aniquiladora de propósitos. Viver correndo atrás do que se considera bom e evitando o que se considera ruim parcializa os encontros, esvazia os relacionamentos, transforma tudo em ingredientes necessários à satisfação de desejos e demandas, gera falta de motivação e alienação. É um processo que esvazia e impede a vivência do presente. Vive-se programado para a realização de necessidades e preenchimento de expectativas. Ser feliz torna-se o sonho perseguido para suprir o vazio e a estagnação.

Porém, o que leva à continuidade da vida psicológica é a motivação. O comportamento motivado é estruturado em contextos das próprias vivências — a realidade — ou em deslocamentos — tentativas de atingir o que falta. Não aceitar o que se vivencia e querer algo diferente dessa vivência gera sonhos, esperanças, ilusões, enfim, desequilibra à medida que aquilo que referencia os processos relacionais é a meta, é o que se idealiza ou o que se fantasia. Metas são desejos a realizar no futuro que não têm estrutura na própria realidade, elas exigem imagens, funcionamentos e, assim, se estabelecem propósitos e estratégias de conquista que dividem cada vez mais, frustrando e impedindo a vivência plena e participativa. Surgem dificuldades de todo tipo, intranquilidade, medos, impossibilidades, obstáculos que isolam o indivíduo de seu referencial básico e vitalizador: o presente com suas infinitas configurações. Desse modo, a felicidade seria o remédio para todos os males, a quimera que alimenta ilusões, e, consequentemente, jamais é atingida, sempre será uma busca adiada, um esforço frustrado, uma esperança perdida. É interessante esse aspecto, pois é um suporte para sinonímias feitas entre esperança, felicidade e ilusão.

Uma questão fundamental e conceitual que o tema da felicidade nos coloca é ser feliz ou estar feliz. É próprio da condição humana ser feliz, ser infeliz ou feliz/infeliz é apenas uma decorrência de circunstâncias? Procurarei responder a essa pergunta ampliando a questão da atitude de entrega e de esforço recolocando-a nas dimensões de encontro e de busca. A felicidade ou a infelicidade como resultantes de motivações e estruturas individuais podem ser entendidas considerando-se os eixos motivacionais voltados para o encontro ou para a busca. A busca está muito ligada às necessidades, consequentemente, a tudo que as contextualiza e satisfaz. Desse modo, a felicidade será sempre uma realização pragmática, uma realização ética, uma realização religiosa, passando, assim, a ser um valor, tendo um significado com atributos diversos. Ela é vista como o contato do indivíduo com o que está em volta dele e que faz bem ou faz mal, que preenche ou que esvazia. Essa é a ideia geral de felicidade, isto é, a felicidade como consequência, como complemento. Com esse sentido de complemento ela termina sendo um epifenômeno, uma coisa que pode ou não existir. Mas, se pensarmos em felicidade como resultante de encontro, vemos que ela é fundamental e básica para a vida, pois é a vivência do presente, é a disponibilidade de estar com o outro, é a satisfação consigo mesmo, a realização por meio da própria vida e dos próprios encontros, perdendo, assim, a conotação contingente e circunstancial. Portanto, se considerarmos a felicidade como resultante de condições estruturais, de motivações individuais e como resultante da personalidade, podemos dizer que as pessoas são felizes ou infelizes, e esses são estados definidos por uma série de atitudes, de motivações, de escolhas, de considerações, de expectativas, de apreensões, medos etc. Por outro lado, pensar a felicidade (ou a infelicidade) como decorrência da configuração de inúmeros fatores circunstanciais a transforma em uma passagem, uma circunstância, fazendo com que ela seja uma confluência de variáveis polarizadas, uma construção meio mágica, dependente de acasos, de contingências, de condições positivas ou negativas que podem até ser pensadas como "estar no lugar certo, na hora certa" ou como sinônimo da otimização dos acontecimentos, inclusive de seus aspectos conflitivos. Felicidade passa a depender da manutenção do equilíbrio, do ânimo, do otimismo, do ver o lado bom das coisas, do "transformar o limão numa limonada", e a infelicidade seria o contrário de tudo isso, seria o pessimismo, o desânimo, o lado mau, o tudo azedo.

O que acontece ao indivíduo dependerá de como ele se posiciona em relação a si próprio, ao seu ambiente e aos outros com quem convive. Esses relacionamentos configuram padrões de satisfação/insatisfação, realização/frustração, contentamento, tristeza, angústia e medo. Separar-se do outro, por exemplo, separar-se de seu ambiente e em seguida estabelecer acessos para suprir esses distanciamentos cria dificuldades e/ou acertos. O importante não é o que resulta desses processos — as dificuldades e/ou os acertos —, mas o que fica estabelecido como estruturante individual: indivíduo que busca, que luta para ter atendidas suas necessidades, seus objetivos e carências. Esses lutadores/empreendedores são felizes quando realizam objetivos, quando seus esforços são coroados, como o filho formado, a filha que se casa, o prêmio conseguido pelo extenso currículo profissional, os aplausos, o reconhecimento. Todas essas coisas coroam a busca, são prova de como foram bem-sucedidos, todas essas conquistas são, para eles, felicidade, que nada mais é do que a realização conseguida, o sucesso reconhecido. São situações que geram prazer, bem-estar, tranquilidade, segurança, felicidade. Essas buscas são permanentes esforços e empenhos, são realizações, são necessidades satisfeitas. Ancorados nas necessidades e nos resultados, esses processos de busca e de empenho, embora resultantes de motivação, se tornam circunstanciais, contingentes, pois o padrão do que é necessário e a busca de resultados estabelecem despersonalização — o indivíduo passa a significar em função do que consegue e realiza. Os propósitos e autonomia individuais são contingenciados por regras alheias às próprias estruturas motivacionais. O processo vivencial relacional é transformado em objetivo, os fins justificam os meios e, consequentemente, vivências relacionais são ultrapassadas, o outro é apenas um objeto que ajuda ou atrapalha as realizações. Felicidade ou infelicidade como resultado de busca são um mero encaixe, são ajuste ou desajuste. São o limite definidor de despersonalização e/ou das barganhas, das contemporizações significadoras, dos índices de reconhecimento como grandes pais, excelentes profissionais, lídimos religiosos possibilitadores de segurança e tranquilidade, que funcionam como captadores, reguladores do que pode harmonizar, do que não diversifica nem heterogeneíza propósitos e motivações. Orientar-se por buscas gera coisificações e alienações, pois uma série de comportamentos prévios, de a priori, de preconceitos e de discriminações orienta essas buscas.

A disponibilidade permite encontro. Percebendo o mundo que lhe rodeia, o outro que está junto ou que está distante e a si mesmo, o indivíduo pode estabelecer cortes e críticas ao que lhe aprisiona e submete, pode estabelecer estruturas disponíveis, descontextualizadas de suas necessidades imediatas e, assim, pode estruturar disponibilidade. Encontrar a si mesmo, ao outro e a tudo que ocorre é transcender limites, medos e apegos. É felicidade. Ela não está estabelecida em sonhos nem procura ser a concretização de desejos, pois decorre de encontros, motivações, descobertas. Essas vivências validam a satisfação e o prazer de estar no mundo com os outros, aceitando possibilidades, impossibilidades e mantendo, por meio de encontros, as permanências da mutabilidade relacional. Livre de limites, de buscas de realização, de buscas de satisfação de necessidades, o indivíduo percebe o infinito, a impermanência, as possibilidades que se mesclam, que se escondem e que aparecem. Esse estado — disponibilidade — é felicidade. Ser feliz é ser disponível, é aceitar as limitações, as imposições e atritos decorrentes do estar em movimento. Nesse sentido, sempre se está feliz, mesmo quando as circunstâncias possam ser consideradas infelizes, pois o estado de felicidade é estruturado na individualidade, é a autonomia que confere disponibilidade, criando espaço para o outro, para o mundo, para si mesmo. Ser feliz é perceber além do si mesmo, é não se aprisionar em castelos maravilhosos ou palácios sedutores. Participação, disponibilidade e liberdade é um tripé de harmonia que se unifica em felicidade. É o que transforma satisfação e realização em transcendência do que limita, resgatando o homem de sua estrutura sobrevivente, contingente e necessária. É conseguir fazer diferente do escrito pelo poeta, que diz que a felicidade "está sempre apenas onde a pomos e nunca a pomos onde nós estamos".[33]

Uniões e separações: a ilusão da identificação

Unir ou separar são questões constantes para o indivíduo e para a humanidade, o que as torna questões político-sociais e psicológicas. É esse movimento de atração e repulsão que faz atritar e que também faz continuar processos. Essas quebras e continuidades ocasionam o que é mencionado como "a união faz a força", assim como "dividir para governar". Buscar o ponto de atrito que quebra ou faz convergir é, em certo sentido, o objeto de qualquer processo que busca mudanças. Sejam psicoterapias ou reformas nas políticas sociais, todos se estribam nisso, se situam. Concentrar ou dispersar é a maneira de convergir ou divergir, que cria antíteses para mudanças. São as transformações dos processos,

33 Trecho do livro *Poemas e canções*, de Vicente de Carvalho (1866-1924). 14. ed. São Paulo: Saraiva, 1950. "Velho Tema/Só a leve esperança, em toda a vida/Disfarça a pena de viver, mais nada/Nem é mais a existência, resumida/Que uma grande esperança malograda/O eterno sonho da alma desterrada/Sonho que a traz ansiosa e embevecida/É uma hora feliz, sempre adiada/E que não chega nunca em toda a vida/Essa felicidade que supomos/Árvore milagrosa, que sonhamos/Toda arreada de dourados pomos/Existe, sim: mas nós não a alcançamos/Porque está sempre apenas onde a pomos/E nunca a pomos onde nós estamos."

que algumas vezes são deformados pelas superposições de outras demandas, outros comprometimentos, outros processos. Quando isso acontece surgem novas situações. É uma nova configuração que quebra propósitos iniciais. Interferências sempre encurtam e também modificam processos, às vezes até os desvirtuando. Essa infinita, constante, intensa e poderosa possibilidade de mudar é o que assola propósitos e objetivos. Inicia-se uma imposição de encurtar e diminuir dificuldades, começando também o caminho de distorções, pois, interessados na configuração *a*, a utilizamos como modo para exercer a configuração *b, c, d* etc., sendo que essas novas configurações são apenas resíduos da inicial. É impossível estabilizar a dinâmica. É impossível separar elementos e reorganizá-los, achando que assim se conseguirá recuperar funções, aspectos e estruturas iniciais.

Em psicoterapia, pensar que ajustar um ser humano a determinadas situações é o significado de "cura", bem-estar e satisfação implica a negação de todos os processos do estar no mundo com os outros. É a pontualização que cria convergências significadas como satisfatórias ou insatisfatórias. Da mesma forma, imaginar mudanças econômicas e sociais por meio de processos eleitorais é uma ilusão. É um faz de conta. O voto e a escolha não são necessariamente resultados de processos questionantes e esclarecedores, de escolhas autônomas. Em muitos casos é apenas uma sinalização, um bônus, um ticket que permite adesão a sistemas aleatórios. Quando se vota, se aceita um nome, um perfil, um pensamento, uma face ou também se cria um grupo, um desejo cooptado e bem remunerado de tudo que é adiado ou destruído. É a torcida, é um resíduo de desejos externalizados e constantemente insatisfeitos ou satisfeitos. É apenas um gesto, pois esse ato nada expressa, nem explica; ele já é, em si, a cota conseguida e garantida por todo um trabalho de competição. É ganhar pontos, nada mais que isso. Entretanto, nos processos atuais, isso é tudo. Se considera a expressão do que quer o povo. Essa grande ilusão — o querer do povo — implica muitas distorções, muitos acréscimos e tolices na pretensa luta pelas mudanças.

Um aspecto significativo desse processo é a questão do agrupamento, da formação de "exércitos lutadores" por identidade. Essas formações lutadoras equivalem a explicar mudanças visuais pela variação de aspectos luminosos. Melhor entender que tudo é luz do que se deter nos espectros luminosos por ela criados. Temos seres humanos, não temos homens, nem mulheres. Temos variações da melanina, não temos pretos, brancos e amarelos. Temos sobreviventes e existentes, não temos ricos ou menos ricos, pobres ou menos pobres, temos os processos de exploração. Acentuar características e determinar que por meio delas as situações são definidas é, no mínimo, sonegador das realidades estruturais e de suas diferenciações.

Continuando com nosso exemplo, explicar o desespero da não aceitação de si ou do outro como gerado pela cor da pele, aparência ou status social é desconsiderar os processos de aceitação e não aceitação que configuram o ser humano, sua integridade, sua maldade, inveja e ganância. Quando estamos buscando mudanças não podemos lidar com situações etiquetadas, embaladas e agrupadas. Desse modo não se consegue discernir as estruturas das situações, muito menos trabalhar com o que resulta delas, modificando-as. Escalas, tabelas e quizzes (questionários que permitem avaliação de conhecimento) não contribuem para o esclarecimento dos processos, apenas ajudam manutenções rendosas do dinheiro, da ilusão. É necessário discernir, pois apropriar e identificar nada explicam, nada esclarecem, embora permitam criar grupos e forças que organizam o aparente caos. Organizar o caos é o mesmo que etiquetar doenças sem discernimento, sem conceituação do que é etiquetado.

Vida é processo. Processo é movimento. Essa dinâmica, quando "organizada" segundo critérios teleológicos — de resultado —, é negada em sua imanência, e aí nada mais se configura para o entendimento de seus processos estruturantes. Estudar o processo da exploração do homem pelo homem por meio de identidades grupais ou entender a dificuldade humana de se expressar, de se comunicar pelos seus subprodutos como medo, raiva, inveja e desajuste é negar a humanidade do homem, é transformá-lo em produto para classificação e escalas. Questões de trabalho, de luta política e sua organização só são válidas quando estabelecidas suas estruturas relacionais, sem posicioná-las em receptáculos fáceis de lidar que, no entanto, nada identificam enquanto processo, embora sejam excelentes para gerar palavras de ordem, legislações e reivindicações. Enfim, o dividir para governar atinge, nessa nossa realidade, sociedade ou mundo distópico esse aspecto fragmentado e híbrido. Exemplificar os efeitos como decorrentes de causas previamente estabelecidas é um empilhamento de resultados, é o organizado que impacta, orienta, mas dispersa e anula conhecimento do que acontece enquanto acontecido, pois é o acontecer esperado e determinado. É o pró e o contra, é a torcida, é a superestrutura utilizada como infraestrutura, é a distorção, é a explicação enganosa dos conflitos sociais quando não encarados como conflitos econômicos, é a não compreensão do que é imanência de processos, é o desespero frente ao outro, a filhos, amigos, amados, por exemplo, quando eles são percebidos enquanto convergências de desejos, aspirações e frustrações. É a distorção perceptiva, a não aceitação criadora de medos e ansiedade. Omissão e ganância colorindo e impermeabilizando tanto no plano social e econômico quanto no psicológico.

Fragmentação e crueldade diárias: o todo não é a soma das partes

Um rápido olhar sobre a vida contemporânea nos revela um mundo fragmentado, pulverizado em inúmeros grupos reivindicatórios, associações contingentes e agrupamentos circunstanciais, acirrando os conflitos intrafamiliares, a crueldade das guerras, a desolação e solidão. Buscar unificar, juntar ou polarizar o que está quebrado e disperso é sempre um propósito alheio às forças e estruturas segmentadas geradoras das divisões e quebras.

As situações ou formações que se dividem, que se quebram, que se partem, seja no nível social ou no individual, são resultado de cisões, de fragmentações iniciais. A unidade que se parte, a crença que acaba, a fé que desmorona, enfim, quando o que segura, o que aglutina é removido e afastado, tudo que era por ele imantado, ligado, aglomerado ou aglutinado fica disperso. As crenças políticas desmistificadas, a mentira descoberta, a traição percebida, as lideranças que desaparecem, os chefes e mães de família que morrem são situações que expõem quebras, deixando a descoberto o que não era coeso, em suma, o que não era unificado.

Autonomia na esfera individual e o conhecimento dos processos de cooptação e alienação na esfera social são os determinantes de coesão, de unificação. Ao compreender a estruturação desses processos fica cada vez mais importante perceber que sem autonomia e sem a constatação do que aliena e coisifica não existe coerência ou unidade nos grupos ou organizações. Nesse contexto, o que existe é padronização que oculta e dissimula fragmentações. Os dias atuais são fartos em exemplos da fragilidade desses grupos, como padronizações identitárias e sociais, grupos religiosos e políticos etc., todos baseados em processos que devem ser questionados em suas pretensas perpetuidades e resistências. Lutar pelo exercício da fé, da crença que harmoniza e une os indivíduos em vez de simplesmente vivenciar a fé ou crença é lutar pelos esvaziamentos relacionais, pois é fazer com que tudo se volte para o ponto da crença, no sentido de instrumentalização da crença (por exemplo, lutar pela hegemonia de uma religião, endeusamento e politização de suas lideranças etc.). Estabelecer pontos fora do sistema é acabar com as motivações que o engendram, criando outras alheias a ele. A circularidade do estar junto impede os pontos de convergência.

Quando a convergência acontece, os grupos são quebrados ao serem invadidos por outras demandas que não as próprias. Ir além do estruturado enquanto vivência com os outros, com o outro, é buscar metas de realização, às vezes até de aperfeiçoamentos, e isso liquida as estruturas que os suportam. Não há mais espaço para constatação, descobertas, crítica e autocrítica, existindo apenas verificação de acertos, sucesso e empreendimentos realizados ou falhados. As vivências são segmentadas, e, nesse processo, todo o espaço vai se caracterizar para recuperar o perdido. Esse espaço, entendido como meta e desejo, é consequentemente inalcançável. Assim, insatisfação e frustração caracterizam as vivências. Os indivíduos se agrupam por torcer pelo mesmo clube de futebol, frequentar os mesmos locais, estar nas mesmas faixas de renda e consumo, usar os ícones indicadores de seu nível social como identidade que familiariza, agrega e pode ser reconhecida. São agrupamentos fictícios que geram inúmeras distorções.

Porém, o todo não é a soma de partes. O grupo não individualiza, apenas faz emergir indivíduos comprometidos pela busca de vantagens, de resultados que lhes ofereçam oportunidades de brilho. Essa dinâmica gera mais segmentação, mais despersonalização, mais frustração. Nesse processo desaparece autenticidade, solidariedade, amor, disponibilidade e desprendimento. O ser humano passa a ser guiado e orientado por ímãs polarizantes, como o governante que vai deixar usar armas, o que vai dar salário-família, o que vai dar terras, o que vai abolir leis restritivas, assim como o sacerdote que promete felicidade, paz e harmonia etc.

Quando a atitude imanente do estar no mundo é transformada na busca por satisfação das próprias necessidades, se perde humanidade. As generalizações começam a açambarcar e justificar as atitudes, das mais simples como discriminações corriqueiras às graves e extremas como as justificativas de violências e, quiçá, de possível canibalismo em busca de proteína onde quer que ela esteja. Basta afirmar que quem está diante de si não é um ser humano para atitudes extremas serem justificadas: genocídios, matanças, exploração, escravização! Basta pensar que não é um ser humano que está ali, que ele é um óbice que atrapalha e precisa ser removido para que se tenha terra, propriedades, dinheiro, para que se satisfaçam desejos. Como nas guerras, por exemplo, a cada ano se renovando com tecnologias mais destrutivas, portanto com mais segmentações e destruição, impondo-se na pseudobusca de ordem e paz mundiais.

A condição humana não se esgota nas contingências

A vivência do presente é o que permite existir sem ser engolido por medos e ansiedades. A alegria de estar no mundo, a realização de possibilidades e necessidades só é factível quando se vivencia o que acontece como o que está acontecendo. Essa atitude descritiva, não interpretativa, esse não acréscimo e não subtração de dados ao que ocorre é exequível quando se vivencia o presente enquanto presente. Ou seja, a vivência do presente é o contexto que permite existir sem ser engolido, direcionado ou orientado pelos sistemas sociais, econômicos, políticos, educacionais e familiares. Não cair nas malhas de sistemas possibilita a existência de individualidade, de personalização. Sistemas sempre apoiam, e o que apoia oprime.

Os sistemas se transformam em boias salva-vidas, em pontes de acesso, mas é também assim que solapam individualidades ao endossar motivações e estabelecer compromissos. Estar motivado pode significar se encaminhar para além, é o futuro que se presentifica, estruturando desejos. Os compromissos marcam e atualizam passados, presenças anteriores. Esses preenchimentos de espaços criam limites, estabelecem direções e norteiam caminhos. O indivíduo vai seguir "os bons caminhos", aqueles do bom resultado mostrados por seus familiares, sua educação, seu sistema social-econômico, e vai evitar os caminhos considerados prejudiciais. Ao fazer isso, ele se torna adaptado, organizado, vitorioso e também despersonalizado com relação a seus próprios objetivos e propósitos. Vive por e para.

Se encaixar, estar adaptado, vencer as dificuldades, ser o mais apto e capaz são as boas possibilidades oferecidas. Acontece que assim se gera um vazio existencial e o âmbito psicológico, enquanto possibilidade de satisfação e realização, fica coagulado em resultados. O que passa a valer é triunfar no sistema social: ser aceito, ser considerado, dispor de dinheiro para realizar sonhos, desejos e objetivos de bem-estar. Tudo isso pode ser muito confortável, mas é discutível, pois reduziu o referencial motivacional ao preenchimento dos dados oferecidos pelo sistema. Surge o vencedor, social, econômica e culturalmente realizado e aclamado, no entanto isso não preenche nem esgota as demandas geradas pelas infinitas possibilidades do estar no mundo. Reduzi-las e gerenciá-las como resultados palpáveis e valorizados achata o mundo em perde/ganha, sim/não, adaptação/desadaptação. Nessas polaridades são simultaneamente criados os espaços para o tédio, a dúvida, o vazio. Ter o que se consegue ou o que se recebe é um caminho traçado que despersonaliza, pois resulta de ter se esforçado para essa realização.

Viver sem impor uma direção é viver totalmente presentificado, e é exatamente aí que as direções, motivações e orientações surgem. Essa situação, viver ao acaso, viver o presente, viver sem metas é o que há de mais difícil, pois requer disponibilidade, não estar apegado a nada. Estar solto, sem apoio; lembra folha ao vento, tanto quanto lembra desapego, não compromisso, liberdade. É o estado típico do início da existência, é a fase infantil na qual se está aberto a tudo e a todos. Essa disponibilidade e ingenuidade é o que permite entrega e dedicação, tanto quanto cria compromissos quando há posicionamento e manutenção. Mesmo na infância, o sentir-se bem gera a necessidade de continuar se sentindo bem, enfim, o apego é uma possibilidade e/ou ameaça constantes. Não se deter, pois isso só ocorre por conveniências e vantagens, mantém a liberdade e ela levaria à sua contínua manutenção se não caísse nas caçapas da conveniência. A liberdade, o ir e vir sem se deter em proveitos é o contexto psicológico determinante do comportamento humano. É o que resulta de estar no mundo com os outros. Quando essa continuidade é quebrada surgem avaliações, escolhas e consequentes valorizações. Nesse momento se deixa de ser livre, de ser a criança que descobre o mundo, e surge aquele que cogita, o avaliador, que sabe o que deve ser buscado e mantido, e o que precisa ser evitado. Surgem as "crias", os frutos, os filhos dos sistemas, das famílias, escolas, partidos, clubes, que são os prolongamentos organizadores desse conjunto. É mais uma peça fabricada para manutenção das ordens sociais, religiosas, educacionais e familiares existentes. É o adaptado, o alienado, massa construtiva necessária de toda atual distopia, é o homem objeto, produto vendido e mantido pelo sistema.

Como transcendemos e transformamos imposições

Autonomia é o que permite perceber e descobrir a vida feliz. Crescer e desenvolver é um constante processo de adaptação, é também a permanente possibilidade de dizer não, de dizer sim, de mudar regras ou a elas se submeter. Viver em função de resultados, jogar a vida para a frente, para o que vai conseguir — filhos, amor, parceiros, dinheiro, status —, desvitaliza. A vida para depois, o patrimônio que precisa ser construído, o mundo a conhecer e aprender são objetivos que desvitalizam a individualidade. Se consegue ser vitorioso em relação à sociedade ou em relação a si mesmo, mas renuncia a si, abdica de desenvolver as próprias possibilidades humanas ou de transformar as próprias motivações psicológicas em realizações sociais, econômicas ou políticas. Essa submissão esvazia. Não há sentido no saldo positivo almejado, pois entrega e adquire tudo que era necessário, mas nesse processo, na coisificação, o que emerge é um grande galpão cheio de bens, sementes, presentes e artes, que têm que prover e facilitar, mas que, ao ter essa função, se esgotam no próprio funcionamento.

O instante, o acaso, o presente são os únicos existentes, e nada mais significa, salvo existir, isso é tudo. Corporificar o transitório — a impermanência — é a tentativa de buscar permanência, de solidificar o fluido. Essa mudança de estado é também uma mudança de propósitos, uma exigência deles, que regem sempre algo diferente, prévio ou posterior ao existente. Surgem regras, compromissos, direções alienação, desumanização. A comprovação dessas contradições faria com que o indivíduo dissesse não a tudo que o ajusta e o compromete, única forma de se manter vivenciando o que acontece, o presente, independente de valores ou atribuições contingentes. Se o que acontece é uma guerra, a vivência dela gera mudanças e transformações, e novos horizontes são percebidos. Se o que acontece é festa comemorativa da paz, a alegria e novos horizontes também são percebidos. Só na vivência do presente enquanto presente não existe compromisso com meta de sucesso e riqueza nem o medo de fracasso e pobreza. Manter a liberdade, para nós humanos, significa manter os pés no chão, caminhando, em outros termos, estarmos abertos ao que acontece, apreendendo, percebendo, exercendo a possibilidade do encontro e do desencontro. O não estar comprometido com resultado e realização de desejo é o que permite a liberdade, abrir os olhos e enxergar, abrir os braços e abraçar ou empurrar. O que importa é o processo de estar vivo no mundo com o outro e não o resultado do que pode ser obtido com esse encontro. Isso é o que estrutura autonomia, condição de aceitação de si e do outro sem submissão, sem medos, sem fingimentos.

Vida é sucessão, ou melhor, vida é continuidade, e essa continuidade é destruída quando é substituída por direcionamento para resultados como ser rico, ser belo, ser jovem, ser famoso, ser um espírito dedicado a Deus etc. É preciso ficar claro que não temos que ser ou não ser o que o sistema nos permite ou propõe. Não existe razão para que alegria e felicidade pelo poder e riqueza, com sua alternativa de queixa e infelicidade pela pobreza, sejam as opções humanas.

O que tem que existir é o constante questionamento acerca da aceitação dos limites: mantê-los ou transformá-los. Viver é aceitar o que está acontecendo questionando suas implicações, e assim poder ou não realizar o estar no mundo com os outros, percebendo que todos somos iguais, sem inventar seres melhores nem piores. Somos iguais, e criar diferenças é a regra gerada pelos sistemas econômicos, sociais, religiosos alienadores que induzem o ser humano a se apoiar em tais diferenças ou na busca da igualdade original para que tudo se justifique. Não se pode partir do distorcido e errado para atingir o límpido e certo. Viver o presente, não cair em dicotomias e aceitar os limites é o que possibilita mudança. Caso isso não ocorra, continuaremos atrás de resultados como ser o melhor, o mais laureado, o que mais possui medalhas, e assim a vida é o pódio onde o drama humano de mentiras, ganâncias e poder se desenrola. A única solução é ser o que se é. É muito fácil, basta viver o que acontece enquanto acontece; mas também é muito difícil, pois se está sempre sinalizado por indicação de "positivo, negativo, é bom ou não vale a pena".

Ser feliz é tão fácil quanto respirar, e é tão difícil quanto respirar quando estamos em locais poluídos, cheios de metais e gases poluentes ou outras evasões tóxicas, ou com pulmões invadidos por vírus ou bactérias (equivalentes psicológicos de desejos e medos). Não ter meta, se relacionar com o que acontece como o que está acontecendo é o que nos mantém no eterno caminhar, na continuidade do existir. Ter que provar, ter que conseguir, ter que realizar, ser o melhor, deixar de ser o ruim ou o pior são aniquiladores da individualidade. Para vivenciar o presente basta aceitar o que se é, o que acontece. Essa simples coisa se torna hercúlea diante das restrições e processos oferecidos pela família, pela escola, pelo sistema.

A culpa é a tampa da impotência: como lidar com ela?

Nas diversas situações da comunicação cotidiana e na linguagem comum, culpa é entendida como responsabilidade, ser responsável por, obrigação de responder pelos atos, uma reação causada por comportamentos. Assim temos os clássicos pedidos de desculpa que invadem e permeiam os contatos sociais e os contatos afetivos.

Culpa como responsabilidade é um conceito baseado na avaliação de quem causa o distúrbio, a infração, o crime. É a esfera jurídica, o braço da lei agindo e apontando infratores, identificando culpados, identificando responsabilidades para punir ou descriminalizar. Identificar a culpa pode ser a justificativa e explicação do que ocorreu, conseguindo ainda reparação pelos males e danos causados pelos responsáveis, ou seja, pelos culpados.

A questão da culpa, da limpeza dos erros, males e pecados é também uma questão considerada importante em diversas religiões. Para o cristianismo, já nascemos culpados, pois somos fruto do pecado e, portanto, precisamos de expiação. Logo após o nascimento, os rituais de batismo existem para absolver de pecados e males, das influências nefastas das forças do mal, dos anjos caídos — Lúcifer, por exemplo — tanto quanto para marcar o pertencimento à comunidade do Cristo e então poder ser recebido por seus irmãos na fé. Nesse sentido, é quase uma renovação dos clássicos rituais de circuncisão, marcadores da presença do novo ser na comunidade. O cristianismo continua a tradição judaica ao estabelecer o batismo, pacificando pela ausência de cortes e ablações, tanto quanto ampliando a absolvição dos pecados às mulheres. Não é à toa que o nome mais conhecido das religiões cristãs seja "católica" — religião católica —, isto é, "universal". Para seus seguidores, nascer e ser batizado é ser limpo de todos os males, pecados e culpas. É também estar apto a seguir a "boa palavra", a "boa lei", os mandamentos, tendo, assim, orientação para não errar, não se culpar, nem ser culpado. A ideia cristã de culpa implica sempre perdão e, por isso, para o indivíduo culpado sempre surge a ideia de perdão, do que é perdoável ou não; é a clássica associação entre culpa e perdão.

Flexibilidade e frequência do que é polarizado criam ritmos repetitivos, constantes, instalando a rigidez: a toda culpa corresponde um perdão. Essa binariedade dicotomiza e fragmenta o humano tanto quanto fragmenta a própria ideia de perdão, criando o lado bom e o lado mau. Dessa forma, a vida fica comprometida, se torna difícil lidar com essa travessia, tudo fica marcado e determinado, resta não cair no lado ruim, ou, se isso acontecer, resta mudar os critérios. Nesse contexto, eximir-se de culpa é apenas ser coerente, permanecendo no que é considerado bom. A depender das autoridades e convenções, o bom, às vezes, pode ser matar e destruir, como acontece nas guerras, sejam elas seculares ou guerras santas, ambientes nos quais raramente a culpa aflige seus participantes.

Na religião iorubá, a ideia de pecado no sentido cristão inexiste, entretanto, outro sentido surge, mais voltado para a atitude individual do que para a ideia de punição religiosa, embora seja também despersonalizante, pois entrega a responsabilidade das ações humanas a outras forças além do próprio indivíduo (não se erra por cometer um erro específico, digamos assim, mas por ter anteriormente quebrado algum tabu, e, em consequência, surgem diversos problemas). O que tem que ser expiado, a culpa a neutralizar, é a que decorre da não preservação dos rituais necessários, a que decorre das quebras de *Eho* (tabus), de quizilas, quebras que são responsáveis, culpadas pelos fracassos, falhas e aprisionamentos. A realização de oferendas às divindades (os *ebós*) absolve dos erros e culpas, além de proteger contra futuras tentações ou ameaças.

Na religião judaica existe o Yom Kipur, que significa dia da expiação. Nesse dia, conhecido também como o dia do perdão, as culpas são neutralizadas. É precedido de dias de penitência e muitos rituais de expiação, purificação e autoflagelação. Na Antiguidade era o dia em que o Sumo Sacerdote oferecia um bode expiatório carregando os pecados de Israel. Aqui, encontramos, admitida pelos próprios judeus o tema da manipulação implícita na questão da culpa: os cabalistas consideravam esse bode expiatório um suborno a Satã para que ele parasse suas acusações na corte celestial. Os rituais envolvem rezas e confissão de pecados, pedindo o perdão divino. É importante notar, também nessa religião, a ligação entre culpa e perdão.

Crenças religiosas fundamentadas na ideia da existência de outras vidas e na ideia de reencarnação tentam explicar os comportamentos humanos, as queixas e culpas vivenciadas por meio da lei de causa e efeito — o karma. Nessas crenças, reencarnar é ter chance de expiar pecados, de quitar dívidas, de extinguir culpas. A continuidade das reencarnações realiza o desenvolvimento espiritual.

Vivenciar situações que geraram culpas ou foram delas decorrentes é uma oportunidade de sentir o que o outro sentia. Essa vivência gera empatia, comiseração e compaixão. A extensão desse pensamento, às vezes, atinge pessoas religiosas ou espiritualizadas, levando-as a perdoar assassinos e estupradores, achando que todo crime e toda maldade, se reconsiderados por quem a pratica, merecem perdão. Essa é também uma maneira validada de lidar com a culpa dos outros: entendendo que a ideia de possibilitar regeneração e mudança permitirá neutralização de culpa e extinção de possível exercício de atividades que as possam desencadear.

Psicologicamente, a vivência de culpa, de ser culpado e sentir-se culpado fragmenta o indivíduo. A culpa é o duplo, o outro que acompanha. Essa é uma vivência embaraçosa que geralmente desencadeia o desejo de que a culpa seja escondida, aplacada ou eliminada. Nesse ponto, para falarmos dos diversos aspectos que envolvem a culpa e as dificuldades de lidar com ela é necessário conceituá-la e entendê-la. Afinal, o que é a culpa, o que faz alguém se sentir culpado?

Do ponto de vista psicológico, toda vez que alguém é responsabilizado ou que se responsabiliza por algum comportamento fora do esperado, do devido ou do legal, pode se estabelecer culpa. Agir fora do convencionado (pela sociedade, pela comunidade, pelo ambiente familiar e do trabalho) estrutura e desencadeia culpa, e, desse modo, dois tipos de culpa são configurados: a culpa gerada por não se adaptar ao estabelecido e a culpa gerada por não corresponder às expectativas e acordos estabelecidos com o outro na intimidade relacional. O funcionário que atrasa ou que erra, a autoridade que não cumpre responsabilidades e não atende prazos e regras estabelecidas são culpados. Erros e falhas por parte de profissionais como médicos e engenheiros, por exemplo, que com suas faltas causam prejuízos, danos e até mortes de pessoas ou perdas para clientes e empresas, nos levam a considerar esses profissionais culpados. Tais questões são tão frequentes que já sofrem penalidades legais, já foram judicializadas, embora constantemente deixem resíduos não solúveis pela esfera legal, resíduos que podem carregar de culpa seus perpetradores. O médico que se sente incapaz de realizar cirurgias, por exemplo, depois de ser inocentado em um processo legal pode continuar sentindo-se culpado. Ele não consegue se desculpar, não consegue livrar-se da própria culpa, pois sabe que uma variável mínima e inexpressiva foi a causa do erro médico: sua insegurança ou sua insuficiência profissional.

Nos compromissos, nos acertos, nos relacionamentos afetivos íntimos as situações que estabelecem culpa são revestidas de disfarces e mentiras, e por isso a culpa é muito próxima do engano. Questões de fidelidade conjugal, de associados e familiares são mantidas sob aparências, com manutenção de regras e acordos. Nos relacionamentos afetivos de casal, após algum tempo, frustrações podem passar a existir e, consequentemente, quando esses relacionamentos são mantidos, não existe suporte de coerência amorosa, só existe suporte de conveniência social e familiar, que deve ser conservada. Tais relacionamentos não são presididos pela dedicação e satisfação com o outro, ao contrário, o determinante na continuidade são conveniências e medos. Nesse contexto, a vivência da culpa é muito próxima da vivência do engano que neutraliza tormentas, transformando-as em medo de ser descoberto, em desconcertos mais administráveis que a vivência de culpa.

Observando esses aspectos, essa dinâmica e suas implicações, a psicanálise, por meio de um de seus representantes teóricos, Melanie Klein, fala da culpa como vivência de reparação. Para ela, ter culpa é fundamental, é a maneira de reparar cisões, divisões dos primeiros meses de vida, nos quais o seio ora é visto como bom, ora como mau. O seio é bom quando gratifica, quando goteja leite ao ser sugado, recebendo, assim, fantasias gratificantes e boas. Quando o seio não goteja, ele é o seio mau que recebe uma série de fantasias destruidoras e ruins. Mais tarde, com o passar dos meses, a criança percebe que o seio — tanto o bom quanto o ruim — fazem parte da mesma mãe, da mesma fonte nutridora. Descobrir isso cria um drama, uma imensa culpa na criança, pois ela percebe que tentou destruir o objeto que a alimentava. Surge a culpa, que é entendida por Melanie Klein como vivência de reparação. Por meio da culpa a criança unifica a mãe, cindida pelas suas fantasias, recuperando-a. Essas são as palavras da análise psicanalítica de Klein, na qual focar as "relações objetais" permite entender os conflitos inconscientes da criança e, posteriormente, do adulto.

Acontece que o homem está no mundo, constituindo uma totalidade. Não há separação entre o indivíduo e o mundo, tudo existe com ele e nele. É como a relação tempo-espacial: o que ocorre, ocorre sempre em um lugar e em um tempo, sem atribuições causalistas — o tempo não causa o espaço e vice-versa. No mundo, nos diversos contextos com o outro existem possibilidades, impossibilidades, condições, circunstâncias. Diante de tudo isso, o ser humano se sente capaz e se sente incapaz. Ao vivenciar essas capacidades e incapacidades, vão se configurando os processos de satisfação e de insatisfação, estruturando pessoas capazes, satisfeitas, realizadas ou incapazes, insatisfeitas, não realizadas, com alternâncias simultâneas ou excludentes dos diversos estados. Nessas variações se estrutura a impotência diante do outro, do que ocorre, das circunstâncias, de si mesmo.

A estruturação da impotência diante de qualquer situação, a estruturação da incapacidade é cumulativa, seus resíduos caracterizam sempre não estar correspondendo. As contínuas vivências diante dessa falta, dessa incapacidade geram omissão, sensação de medo e de faltas que caracterizarão as vivências de não ser capaz ou de ser fraco. Sente-se que não é conveniente, não é aceitável deixar que sejam percebidas as fraquezas, percebidas as incapacidades e que é necessário escondê-las, dedicando-se à criação de imagens respeitáveis, de máscaras que escondam o que acham feio, de disfarces que sirvam para enganar e despistar. Por meio da culpa, esconder as incapacidades, as impotências, os medos e fraquezas acontece de uma maneira aceitável, seja nas esferas amplas (sociedade), seja na família, diante dos outros e de si mesmo. Sentir-se culpado é, paradoxalmente, uma maneira de se absolver, de se desobrigar da culpa imputada, neutralizando as dicotomias de acerto e erro, de boa ação e má ação, de pecado.

Na esfera individual, a culpa equivale à pia batismal que exime de todos os males. Nesse pântano de divisão, a descontinuidade se impõe. A vida é povoada de fantasmas, de mentiras, de contradições. Cada vez mais a culpa tem que ser alimentada, e, quanto mais ela cresce para tampar as impotências cotidianas, mais ela esvazia a individualidade. Esvaziado, por estar em função de situações que têm de ser escondidas, o ser humano se nega, perdendo contato com o que é vivo. Vive pela aparência a manter, pelos compromissos a cumprir, pelas motivações a esconder.

Considero na Psicoterapia Gestaltista que a culpa é a tampa da impotência. É também uma maneira de negar, de esquecer, de desconsiderar, de alienar-se do que enfraquece, do que imobiliza. Hoje, um dos exemplos mais contundentes de divisão e impotência que geram culpa é a vivência das mulheres que se inserem no mercado de trabalho, seja das que constituem família com filhos, seja das que optam por viverem sozinhas. É comum em consultório o relato de mães que se sentem culpadas em relação aos filhos por deixá-los com babás enquanto saem de casa para trabalhar, para assistir a um filme ou ir a um restaurante, entre outras coisas. Sentem-se culpadas quando fazem qualquer coisa que não seja justificada pelo bem de seus filhos ou de seus maridos. Sentir-se culpada é alienar-se de seu comprometimento, de seu papel de mãe, de sua inautenticidade. Ser uma pessoa e ter filhos são realidades antagônicas para essas mães, há uma divisão e, por isso, a culpa, a falta de liberdade, a falta de critérios próprios para agir. Da mesma forma, mulheres solteiras que decidem se dedicar à carreira em detrimento de casamento e maternidade sentem-se culpadas por não estarem satisfazendo as expectativas familiares e sociais. Quando cedem às pressões, cumprem regras e papéis considerados sem importância por elas, mas fundamentais para sua inserção social e familiar.

Os culpados podem ser absolvidos pelo outro, podem ser libertados, amparados ou punidos pelas leis, entretanto, quando alguém se sente culpado, nada liberta essa pessoa nem a absolve dessa culpa enquanto ela não perceber seu processo de impotência, de medo, de dificuldade e utilização do outro por conveniência e apoio. Quem sente culpa pode até utilizá-la como justificativa, explicação do erro, do acerto, explicação da própria vida, mas o que esse indivíduo não consegue é se libertar dela, seja como ferramenta torturante ou como chave para abrir novas perspectivas por meio da ajuda que angaria. Só ao perceber sua impotência, suas não aceitações e problemas diante do outro, de si mesmo e da sociedade é que ele percebe que tem utilizado a culpa, medos e justificativas como tampa para essa situação amedrontadora, aniquiladora e redutora de suas possibilidades humanas.

Vivências de culpa geralmente são intensas e atordoam, independentemente da gravidade das situações em que se inserem. Um pai pode, por exemplo, sentir-se culpado durante muito tempo pelo envolvimento do filho com drogas e roubos quando percebe que isso resulta da educação falha que fechava os olhos às cópias ou à compra de gabaritos de provas e concursos, ou até as patrocinava. Cotidianamente se é exemplo de integridade ou de desonestidade para filhos, companheiros e amigos. Essa incoerência — "pequenos erros, pequenas falhas" — se constituirá nos espelhos, nas maneiras de viver para si e para os outros com quem o indivíduo conviva. Só por meio da percepção globalizada do que ocorre, da lucidez (gerada por questionamentos terapêuticos) e aceitação dos próprios processos de vida são aceitas as impotências, podendo, assim, deixar de sentir culpa.

Entregar-se à própria culpa — a maneira de lidar com ela — configura as vítimas sempre aceitando ser humilhadas, ou configura os autoritários, prepotentes, capazes de todas as chacinas, irresponsabilidades e maldades em nome de verdades que são as mentiras mantenedoras de sua desumanização, disfarce e poder.

A culpa nada repara e tudo destrói, pois é estabelecida em deslocamentos que escondem incapacidades, medos, raivas e ódios. Sentir-se culpado é posicionar-se no disfarce, no engano, no faz de conta arregimentador de razões e causas das próprias vivências para justificar a própria vida. É tampar os problemas com justificativas e assim sentir-se capaz, potente, ou vítima que expurga tristezas e medos, inseguranças e vacilações. Em geral, se lida com a culpa valorizando-a e ao mantê-la, justifica-se ser bom, carente, incapaz e medroso.

Em certas situações a culpa é a alavanca do comportamento. Muitas vezes, somente pela vivência da culpa, ou seja, das tensões e pressões, surge a antítese, uma força diferenciadora e sinalizadora de comportamentos, pois, à medida que aparecem os impasses, ocorrem as fragmentações, e a monotonia da divisão equilibrada é rompida. Situações que tensionam podem ser reestruturadoras devido à dinâmica, ao movimento que desencadeiam. A culpa — tampando a impotência — é estabilizadora e impermeabilizadora de comportamentos, e, apesar de imprimir dinâmica, ela cria mudanças estagnantes. Em psicoterapia sabemos que pode haver mudança como ajuste ou como transformação. O psicoterapeuta existe como propiciador de antíteses, de transformações, de abertura para as possibilidades transcendentes e humanizadoras do indivíduo, que na questão da culpa jamais será a transformação de sua vivência em função de exterioridades como absolvição social, perdão ou expiação religiosa, mas, sim, o questionamento de seus medos e impotência, resgatando participação, congruência e disponibilidade. Então, como lidar com a culpa? Aceitando, enfrentando, lidando com a própria impotência, vivendo o presente. A dinâmica relacional, vivenciada enquanto presente, permite a consistência do estar participando integralmente com o outro, com o mundo, com suas motivações.

Dúvida como solução ou negação de limites

Quando se instala a dúvida em relação ao que se vivencia, ao que se quer ou se espera são criadas artificialidades. Esses instrumentos artificiais aproximam ou distanciam o que se está percebendo, questionando, temendo ou resolvendo. É uma situação na qual se faz lembrar a clássica afirmação dos gestaltistas alemães: o afastamento do problema gerador de dúvida pode ser uma aproximação solucionadora de impasse. Essa afirmação é contextualizada no conceito de meio geográfico, que é o meio tal como a ciência o descreve, e no conceito de meio comportamental, que é o meio tal como o indivíduo o percebe.

A dúvida que se estrutura no que se apresenta traz sempre soluções, entretanto, quando decorre de avaliação e comparação com o que se pretendia, o que se almejava (futuro) ou o que se temia (passado) ela cria mais dificuldades, mais problemas, afastando as possibilidades de solução. E nesse contexto, por meio da atitude de duvidar, se exerce onipotência e desconfiança, é o autorreferenciamento que sempre polariza tudo que acontece. O indivíduo decide o que acontece pelo não acontecido, ou pelo que temia e que aconteceu. É a recriação do fato, é a negação dele. É distorção, é deslocamento de impasses e de limites para o infinito no qual "tudo vai ser legal", "tudo vai ser péssimo". Nos relacionamentos amorosos, por exemplo, a dúvida geralmente é um exercício da própria desconfiança, medos e expectativas. Assim, duvidar é também negar evidências, fazer de conta que o que acontece não está acontecendo, que o vivenciado como traição — a evidência do que foi percebido, constatado — não é verdade, foi um sonho, uma ilusão.

Psicologicamente toda dúvida resulta de um conflito. Ela é uma afirmação negada que possibilita uma pergunta. Duvidar é abrir caminhos para questionamentos e para mudanças em si mesmo, no outro, no mundo. Nesse aspecto, a dúvida é um dos melhores iluminadores dos caminhos e das trajetórias humanas, pois ela transforma referenciais situantes em referenciais questionantes e assim dinamiza, possibilitando transformação.

Andando sem chão

Um dos maiores deslocamentos psicológicos é desejar. Ou seja, querer o que falta, burlar, negar o existente.

Criar novos universos e neles se alojar é uma atitude de fuga e não aceitação, que caracteriza o sentir-se em um lugar errado, com pessoas erradas, ou, ainda, o não estar onde se quer e com quem se quer, por exemplo. Frequentemente, deseja-se bem-estar e felicidade. O desejo assume aspectos reveladores quando considerado sintoma de não aceitação. O outro mundo, a outra pessoa, a outra realidade são a busca de paz, segurança, tranquilidade. Inventar e buscar o inexistente é o grito desesperado. É a angústia organizada como ferramenta que abrirá portas. Contudo, a grande contradição do desejo é esperar satisfação e realização no que não existe, pois o desejante se nega como pessoa e realidade. É a boca aberta sem corpo, os pés andando sem chão, sem espaço.

O desejo, como sugere negação do que se vivencia e da realidade que se percebe, cria um vazio impossível de ser preenchido. O vício nas drogas lícitas e ilícitas tranquiliza e espanta o desajuste porque, ao desejar, se apaga tudo que existe, configurando o estar no mundo de uma forma satisfatória. Só que essa magia é transitória, de interrupção em interrupção o indivíduo se esvazia e sempre retorna à sua realidade. No entanto, de tanto ir e vir, se perde, se destrói, vivendo apenas para realizar seu desejo, mesmo que sob forma de constante frustração. É a depressão, o desespero, o medo, a revolta, a raiva e inveja.

Desejar é reduzir a realidade, é o faz de conta que alimenta a depressão, que aumenta o autorreferenciamento e inviabiliza o estar com o outro, pois ele é visto como objeto: o que ajuda ou atrapalha, o que vai possibilitar a realização do desejo ou inviabilizá-lo.

Sobre o suicídio: alienações e negações que o determinam

Uma das mais interessantes abordagens sobre o suicídio é a de Albert Camus em seu livro *O Mito de Sísifo*, em que ele inicia afirmando: "Só existe um problema filosófico realmente sério: o suicídio. Julgar se a vida vale ou não a pena ser vivida é responder à pergunta fundamental da filosofia".[34] Camus, ao argumentar que qualquer pessoa se deparando com o mundo, com o que vivencia e percebe tem apenas uma atitude lógica a exercer, que é suicidar-se, afirma também que é exatamente nesse momento de constatação que o indivíduo pode viver inteiro, sem ilusões, sem expectativas, sem ansiedade, pois percebeu os limites e o despropósito do viver. Para ele, é exatamente esse entendimento que possibilita viver com alegria e liberdade, sem desejos, sem planos de atingir o que considera bom e válido para si. É como Sísifo liberto, diz ele.

Sísifo, condenado pelos deuses a transportar uma pesada pedra até o cume de uma montanha, após todo o desespero e fadiga, na espera e crença de ser libertado

34 CAMUS, Albert. *O mito de Sísifo*. Rio de Janeiro: Record, 2004.

do castigo, vê Zeus derrubar a pedra montanha abaixo e o castigo e esforço recomeçar. Após algumas pedras carregadas, derrubadas e carregadas de novo, extenuado, Sísifo tem o insight de que o castigo não está em levar a pedra até o cume. O castigo é levá-la e continuar levando-a seguidamente. Nesse momento ele se liberta: o castigo eternizado é também esvaziado. Perceber o vazio e o despropósito de existir permite realizar todas as condições do existir, ou seja, perceber o não sentido da vida nos dá condição de existirmos e de estarmos felizes por vivenciar isso.

O suicida é aquele que se engana, pois espera salvação, resolução de seu problema pela execução da própria morte. Essa porta de saída ou de emergência — a atitude suicida, o desejo suicida — resulta dos níveis de impotência diante do mundo, do outro e de si mesmo atingirem um limite máximo, tornando-se assim onipotência. A onipotência é um deslocamento da impotência não aceita. Absolutamente impotente e incapaz, o indivíduo tem os parâmetros e referenciais relacionais situados nele próprio: o não querer viver, resultante de não sentir condições nem desejos disso, determina a impotência frente às circunstâncias e à realidade. Essa incapacidade autorreferenciada possibilita imobilizar os processos do que ocorre e assiste, estruturando, assim, vivência onipotente, equivalente à redução do querer, do desejar, do agir. É o conhecido "eu preciso, eu quero, eu posso". Reduzindo o mundo a suas frustrações, desesperos e insatisfações, a única saída vislumbrada por ele para conduzir a uma mudança é a própria morte. Querer sumir, querer se matar, querer morrer é atitude desesperada para fazer os problemas e os sofrimentos desaparecerem.

A explicação genérica do suicídio pode sofrer algumas modificações quando o desespero e a onipotência passam a ser sinônimos de lucidez e esperança (consequente coerência). Existem situações que obrigam o desaparecimento do indivíduo. O ser humano pode ser acuado, esfacelado e massacrado de tal maneira que atos de misericórdia são exigidos. Temos exemplos disso nas guerras, nas sessões de tortura, nas descobertas de progressivas degenerações orgânicas nas quais a maneira de encurtar o desespero é cortando os tênues fios que suportam a existência. A Alemanha nazista foi emblemática ao infligir situações de flagelo e mortificação, assim como países sob ditaduras ou sistemas políticos opressores.

O que há de comum a toda atitude suicida é a falta de autonomia. Existe também o anseio de buscar mágicas saneadoras de seus males, desilusões, problemas e desespero. O suicida é sempre um fraco, ansioso por melhores dias e por solução milagrosa de suas dificuldades. Assim temos aquele que se mata para "sofrer menos" e até mesmo, em alguns casos, fazer sofrer menos o outro, que é apenas um álibi e, consequentemente, não significativo em seus processos e atitudes. Essa atitude é diferente daquela em que o indivíduo é obrigado a se suicidar, isto é, o suicidado — o que mais uma vez atesta a barbárie de perseguições sociais e políticas. Sofrer e estar impotente diante do outro que tortura, estupra e maleficia pode desencadear atitudes desesperadas: diante do abismo percebido, antes de ser empurrado, se joga no abismo.

O ambicioso transforma sua vida em frustração

Quanto maior a não aceitação de si mesmo, maior é a necessidade de apagar ou esconder o que é considerado ruim, o que é visto como mancha, aquilo que pensa e acha ser demérito. A não aceitação se estabelece tanto a partir de situações sociais — origem familiar, status econômico e social — quanto a partir da dimensão biológica — como as características físicas, étnicas e sexuais. Sentir essas características ou situações como manchas denunciadoras é o que motiva as pessoas a atingirem marcas significativas dentro dos sistemas socioeconômicos e dos referenciais biológicos, dentro das vitrines cobiçadas e valorizadas. Ter dinheiro e ter domínio, tanto quanto realizar os mais esdrúxulos desejos, é valorizado, é o que faz a diferença e o que dá poder e importância. Desse modo, o ser, a possibilidade existencial de cada indivíduo é resumida em poder, dinheiro e influência na captação de aplausos e *likes*. Pessoas são transformadas em vetores propiciadores de vendas e mudanças de comportamento, enriquecem, ficam famosas e se sentem bem-sucedidas seguindo a regra: "compre aqui, aja assim, beba isto, coma aquilo". Despersonalizadas, se alienam, viram coisa, produto.

A ambição realizada é também o vazio instalado e acompanhado constantemente do medo de perder ou de nada mais conseguir. O receio de deixar de significar gera muita ansiedade e também despersonaliza. A ambição, que antes levava a apostar e fazer qualquer coisa para conseguir o que queria, agora é substituída pelo desespero de manter, pagar qualquer preço para não sair de foco, não sair das plataformas de sucesso e fama.

O ambicioso assemelha-se a Midas, aquele que qualquer coisa que pega se transforma em ouro e, assim, morre desfalecido. A ambição, metas e propósitos restringem as possibilidades relacionais. Na busca de vida e realização total chega-se à quase morte. É como Midas faminto: tudo que toca vira ouro, resultando em não ter mais nada vivo a seu redor. Midas é um personagem grego, era o rei da Frígia e teve um de seus desejos de poder atendido por Dionísio, filho de Zeus. Essa história começa com Midas ajudando Sileno — um seguidor muito próximo do Deus Dionísio —, que estava perdido (em algumas versões do mito ele estava bêbado). O Deus, grato pelos cuidados com seu companheiro, e em agradecimento, diz a Midas que ele tem o direito de fazer um pedido que será imediatamente realizado. Midas, então, pede que tudo que ele toque se transforme em ouro. É prontamente atendido. A partir desse momento, tudo o que ele toca vira ouro, encantando a ele próprio e a todos que o assistem. Mas, após algumas horas de deslumbramento, esse dom se torna um infortúnio, um problema e uma sentença de morte, pois os alimentos, a água que tenta beber, tudo se transforma em ouro.

Além da ambição por poder, beleza e riqueza, existem as supostas aspirações espirituais e políticas que causam destruição, pois manipulam pessoas, direcionando-as a propósitos unilaterais e totalitários. Encontramos inúmeros exemplos de lideranças religiosas, supostos mestres espirituais, influencers e políticos populistas que, fazendo qualquer coisa para se manterem no centro do poder, pavimentam um caminho de destruição, intolerância e prepotência. É como se toda a não aceitação de si — em seus contextos sociais, econômicos, étnicos, de gênero e sexualidade — fosse deslocada ao infinito e, assim, quando se consegue chegar à realização de fama e poder, se percebe também quanta coisa foi desconsiderada, encoberta e escondida por meio de artifícios, andaimes e armaduras e, ainda, quanto cada vez mais se precisa dos outros submetidos aos seus desejos e ambições. Dessa maneira se constrói o vazio, a falta de espontaneidade, o não saber mais o que fazer para se proteger exceto tudo empenhar nesse jogo de apostas controladas. Desespero, depressão e medo são os resíduos assegurados por essas vivências e esses processos, pois eles surgiram da negação, da não aceitação do que se é buscando atingir o que gostaria de ser. Superações são sempre desumanizadoras e desesperadoras quando resultam de empenhos ambiciosos gerados pela não aceitação.

A verdade e o valor do existir consistem em aceitar o que se é enquanto evidência, enquanto possibilidade e limitação. A existência não tem finalidade, e impor um propósito a ela é negar processos e continuidade. A ideia muito comum na psicologia e na pedagogia de que estabelecer objetivos é construtivo e dá sentido à vida é devastadora, pois, dificultando a vivência do presente, direciona atitudes e ações, neutralizando toda e qualquer espontaneidade, disponibilidade e novidade. Em outras palavras, a vida para depois engessa possibilidades, despersonaliza e infelicita. As metas e desejos alcançados esvaziam a existência e ao redor não se reconhece mais vida. Como o rei Midas, o ambicioso realiza seus objetivos, desenvolve métodos para manter-se no centro e no topo, faz as situações convergirem para o que considera ideal e bom, mesmo que isso desestruture seus afetos, que o isole e deprima. É fundamental se questionar para entender o que possibilitou a redução do próprio mundo à avaliação de melhor e pior. Só assim se iniciam as mudanças e transformações.

Questionamento e dedicação

Vivenciar o presente requer dedicação a ele. É pela consideração aos limites, aos prazeres, aos medos e dificuldades que se estrutura a dedicação e a disciplina, assim como a fruição ou expurgo do que acontece. Andar exige, inicialmente, colocar os pés no chão e em seguida estabelecer direção. Essa sinalização de caminhos é orientação e dinâmica assim como limite e repetição sistemática que automatiza. Toda vivência pressupõe encontro, determinação, escape, incerteza. Ao considerar apenas aspectos das vivências, se desestruturam totalidades, se desestrutura o que presentifica. A vivência do presente é a única que existe, embora seja também o anestesiante que apaga o que existe. Quando o presente se constitui em pensar para lembrar do que passou ou antecipar e torcer pelo que se quer que aconteça, ele se constitui em pântano, sumidouro de vivências, realidades e limites. Dedicar-se ao sonho, ao que se almeja, ao que não existe é negador da própria configuração existente. Os problemas são neutralizados, ficando apenas a torcida pelos bons finais, pelos bons resultados, mas os participantes desaparecem ao virarem plateia de si mesmos e daquilo que almejam obter. Essa divisão, obtida graças à negação do que ocorre — o presente —, lança o indivíduo em outros universos sem ao menos preparar suas habilidades, apesar de seus fortes desejos, mas que por definição o aniquilam. Querer completar o que lhe falta, querer ter o que não tem — desejar — é a faca que o eviscera. Surgem máquinas, robôs, artefatos nas famílias e culturas, que lutam por conseguir realizar seus desejos, suprindo faltas e carências.

É apenas por meio de vivências consistentes, consequentemente, questionantes,[35] que se realiza o estar no mundo, se caminha, se estrutura como disponibilidade e aceitação. Vivenciar o limite é transformador quando a ele se está dedicado e é esmagador quando ele é negado, quando se busca destrui-lo de qualquer forma.

A continuidade dos processos terapêuticos, ou seja, os questionamentos, provoca mudanças. Inicialmente, essas mudanças são vivências referenciadas nelas próprias, porém, com a continuidade, à medida que as implicações são percebidas, novos significados surgem. Uma das primeiras diferenças é a descoberta de que tudo que aflige e é considerado problema criado pelos outros, pelo sistema etc. são problemas da própria pessoa. É a importante constatação: "se o problema do outro me atinge, o problema é meu".[36] Chamar a si a dificuldade coloca outros olhos e boca na fisionomia que aterroriza — a de si mesmo — e identifica caminhos, atalhos, resíduos e trajetórias, e isso é libertador. Novas dimensões são estabelecidas. Na continuidade do processo tudo é configurado e reconfigurado. As dinâmicas estabelecidas modificam posicionamentos e a partir da frustração, quase depressão,

35 Questionar é diferente de perguntar. Para entender o sentido que atribuo ao questionamento, ver: o capítulo "Questionar", em *Emparedados pelo* vazio: bem-estar e mal-estar contemporâneo*s*. São Paulo: Labrador. 2025. p. 181.

36 Desdobramentos dessa afirmação podem ser vistos no capítulo "Questionar certezas é libertador: se o problema do outro lhe atinge, o problema é seu", em *Emparedados pelo vazio: bem-estar e mal-estar contemporâneos*, 2025. p. 179.

se atinge motivação para mudar. A reversibilidade perceptiva é infinita. Nesse cenário, a individualidade é resgatada, o indivíduo se desenvolve com autonomia para existir com alegria, para enfrentar suas dificuldades e medos. Sua ansiedade, sua ambição e frustração são transformadas. A continuidade dos questionamentos, o abandono dos desejos, a superação das contingências e circunstâncias colocam a pessoa em movimento, firme nos próprios pés, autônoma e disponível.

Antagonismos

Lutar é explicitar o ponto do antagonismo. Quando a contradição consegue cravar, doer, surge espontaneamente uma reação. Nesse contexto, é de estranhar não haver lutas diárias e constantes. Esse estranhamento desaparece quando configuramos ou percebemos os amortecedores. Os processos não são lineares; isso significa que a antítese, a contradição de *a* pode ser a síntese de *b*, ou afirmação de *c*. Dinâmicas, movimentos são constantes. Não existem fatos isolados, e essa constatação faz com que se entenda que as lutas são contidas por amortecedores. No plano individual, mais especificamente na vida psicológica diária, os deslocamentos, o fazer de conta, as distorções impedem atitudes, impedem questionamentos e as vivências escorrem, são diluídas e absorvidas por outros contextos aplacadores. Tudo pode esperar, tudo pode ser adiado, e isso vai ocorrendo de tal forma que a expectativa já não é de mudança, a expectativa é de finalização. Os propósitos, os desejos e anseios da vida são sepultados, têm um final, encerram processos. Desistir de expectativas e tensões é o que se coloca.

A não existência de ângulos deixa tudo reto e plano, assim como abrir mão do que conflitua e contradiz aplaca e entedia. O igual e o repetido são monótonos. Nada acontece diferente do que aconteceu ou está acontecendo, é a homogeneização conseguida pelo largar, pelo desistir de querer o que se quer, de ser o que se é. É a depressão. Buraco cavado resultante da impossibilidade de realizar antítese, quando tudo foi impermeabilizado e se desistiu de questionar.

Não se consegue abdicar de estar em um mundo dinâmico; consequentemente, os movimentos continuam e cavam buracos. Depressão é a resultante de desistir, de fantasiar que tudo é o que tem de ser, que não há diferenças possíveis. Mas elas existem. Fechar os olhos não apaga o mundo, tampar os ouvidos não acaba com ruídos, com música, avisos e alertas. Quanto maior a submissão ao que atrita e conflitua, menor a possibilidade de mudança, equilíbrio e continuidade do estar no mundo com os outros.

Disciplina

A disciplina permite ampliar ou restringir contextos relacionais. Por exemplo, ao sistematicamente fazer registros, lembretes prévios ou posteriores, são estabelecidos referenciais, são criados quase que "palácios da memória".[37] Essa reconfiguração do existente é uma marcação de dados ou diluição deles. Quanto mais disciplina, mais próximos da realidade vivenciada estamos, tanto quanto mais distantes dela poderemos ficar. A concentração do yoga, as técnicas dos exercícios corporais, os procedimentos médicos, enfim, rotinas, tecnologias, andaimes e suportes estabelecidos disciplinam e organizam. Disciplina é organização, é técnica, é rigidez. A organização disciplinada cria motivação, pensamentos e desejos, estabelecendo padrões. Isso pode realizar assim como alienar.

Seguir o riscado sem saber quem riscou e o que significa configura a rigidez do apoiado — é a marca do que quer acertar, não errar. Disciplina é acompanhar a organização intrínseca, não é criar aderência. Toda vez que surge essa inversão, perdemos a liberdade, ficamos submetidos ao que nos apoia e ao que nos disciplina. Não se esgotar, não se reduzir ao que segura, não se individualizar pelo invólucro, não se deter na aderência é essencial. A disciplina é uma mediação fundamental como tal, e totalmente obsoleta quando estabelecida, determinada e transformada em propósito, objetivo,

37 "Palácio da Memória"' é uma técnica de memorização que ficou muito conhecida depois do livro de Matteo Ricci, jesuíta que viajou para a China e a usou para aprender chinês. Embora difundida por Ricci, a técnica se origina na Grécia, com o poeta Simônides de Ceos, século VI a.C.

motivação e desejo de vida. A incessante busca de perfeição do obsessivo, o desespero do faltoso em mais uma vez falhar, a aflição por não fazer o certo ou o que é devido são aspectos de seres disciplinados (processo) transformados em entidades disciplinadas (objeto).

A libertação da aderência, a libertação dos automatismos, do que é mecânico e rotineiro, revela sempre o novo, o característico, o definidor relacional — o imanente dos processos. Confrontações e processamentos habilitam transportes funcionais e também criam deformações estruturais. Estruturar contextos disciplinadores é libertador, viver em função deles é aprisionador.

Fácil e difícil

Estes são critérios extrínsecos ao que acontece. Nada é fácil e nada é difícil enquanto situação que acontece. Só existe critério de facilidade ou de dificuldade quando mediações avaliadoras são exercidas. Medir, configurar e avaliar situações enquanto facilidade ou dificuldade varia de indivíduo para indivíduo, de época para época. Um exemplo bem contemporâneo é o da facilidade de fazer refeições fora de casa quando há menos de cem anos essa era uma situação cheia de dificuldades. Se considerarmos as necessidades fisiológicas, que por definição são sempre fáceis ou difíceis, a depender da higidez orgânica, podemos começar a perceber a facilidade ou a dificuldade da questão, enfim, começamos a perceber que o problema não se esgota em si mesmo, exige sempre interfaces configuradoras.

Viver, sobreviver, ser feliz e disponível é o que há de mais fácil, assim como o mais difícil. Educar-se, educar filhos, viver em sociedade, participar de grupos, conhecer assuntos e explicá-los é muito fácil, é muito difícil. Facilidade e dificuldade, ao longo do tempo, vão ganhando sinônimos capazes de serem mais bem compreendidos. Fácil é o flexível, o que se mostra. O difícil ancora em densidade, rigidez e concretude. Daí para fácil ser o que passa e difícil o que fica basta um passo.

Em educação, crianças que aprendem rápido geram desconfiança nos pais, parece que vão esquecer tudo, parece que não se esforçam. Nesse contexto, surge a ideia de que suar e concentrar esforço é o que dignifica, o que permite resolver dificuldades. Lutamos pelas facilidades, mas, como somos presas de a priori e preconceitos, cada vez mais valorizamos o difícil, embora apreciemos o fácil. Cria-se cisão e se estabelecem novos parâmetros e critérios de valor a ponto de esgotar a disponibilidade. Bastaria lembrar que fácil e difícil existem como conjunto de valores, que não são inerentes a nada existente. É muito fácil viver, é muito fácil morrer, tanto quanto é extremamente difícil realizar esses processos dada a infinita configuração de variáveis que os possibilitam.

Fácil é o que se apreende e integra, difícil é o que não se apreende nem é integrado. Apreensão e facilidade resultam de dedicação e de presença. Dificuldade e complexidade são estabelecidas por distância, alheamento, estranheza.

Construção e desconstrução

Imersos em significados preestabelecidos, perdemos de vista a constante do processo significativo: tudo é construído. Bem ou mal sabe-se disso quando se supõe um criador para todo o existente. Visão tautológica e circular, entretanto, vive-se tentando configurar o natural, o verdadeiro, o original.

Nas ciências, que tudo explicam e transformam, os axiomas e conceitos são sempre construções, resultados gerais de evidências arrumadas para que possibilitem significado. Nas sociedades e famílias tudo se constrói, desde as regras históricas dos parentescos até os limites de deveres e direitos socialmente estabelecidos. Construir pontes ou casas é uma forma de ordenar a natureza. Habitá-las supõe sempre condições outras que possibilitem isso, como dinheiro, por exemplo, e um pedaço de papel, significado de riqueza por excelência, inefável, caso não haja escalas comparativas.

O espaço e o tempo, situantes básicos de nossos contextos relacionais, também são construídos. Representação, reprodução e virtualidade são dimensões que abrangem e atuam sobre ocorrências. O que não é construído (o que é matriz, base) é a matéria-prima necessária aos desenhos, mapas, projetos de construção.

O conceito de humanidade é uma construção e, nesse sentido, o homem é uma de suas partes configuradoras. Entretanto, nessa totalidade o homem é a fagulha, o fogo, não é construído, surge de encontros. Processos de criação enfocados enquanto origem resvalam para determinismos metafísicos. No universo cultural, social e psicológico, partir do homem-no-mundo e determinar sua trajetória, a formação de laços e desenlaces é uma maneira de desconstruir determinações causalistas. Descobrir que, independentemente do medo, dos conflitos e ansiedades existe um ser humano que pode contar sua história é libertador, pois acena para a utilização das facticidades em sentido outro; agora ela é matéria-prima para explicação do construído e do desconstruído. Recortar os processos estabelecendo áreas individualizadas cria significados que, embora mantendo o construído, os desconstrói pela metabolização neles realizada. Esse apoderar-se — a metabolização — é a transformação que permite continuidade, permite vida. No decorrer dos processos terapêuticos encontramos essas situações e assistimos às libertações de estigmas, denominações e significados alienadores quando as pessoas aceitam e globalizam seus processos construtores e destruidores. Relacionamento com o outro, os grandes encontros e histórias são construídos e destruídos segundo autorreferenciamento ou disponibilidade.

O próprio corpo não é mais do indivíduo quando territorializado pelas várias construções e apoderações existentes. Isso é enfático, principalmente em situações terminais do corpo doente ou do corpo preparado e burilado para grandes eventos, competições esportivas, olimpíadas. A ideia de como cobrir ou descobrir o corpo é um processo alheio a ele, ao próprio indivíduo e, nesse aspecto, substituído pelas regras dominantes das construções sociais acerca de vestimenta. E, assim, tudo o que é próprio do homem começa a ser alheio dele pelas construções reguladoras da alimentação/nutrição, sexualidade, prazer etc. A continuidade desse processo desemboca na alienação. Transformado em produto, o homem se vende e é vendido, desde sua força de trabalho a suas preferências relacionais.

Assumir a construção de sua existência acompanhando sua construção histórica é a única maneira de personalizar-se, significa saber quem é, o que faz, o que deseja, tem ou espera, quando e o porquê de todo esse processo.

Dilemas existenciais: sobreviver ou existir?

Quando nascemos, sobreviver ou existir é uma questão que não se coloca. Nascemos e alguém nos permite sobreviver, geralmente nossos pais, família ou, em algumas exceções, o Estado. Nascer durante uma guerra é quase ter assegurada a morte, é difícil sobreviver. Em condições de normalidade ambiental e social, o ser humano sobrevive, e nesse sentido é orientado por seus familiares, pela sociedade em que vive. Assim, sobreviver seria um processo natural, mas que, no entanto, é impedido em condições extremas de falta de alimentos, de doenças endêmicas ou pandêmicas, de lutas e conflitos sociais etc.

São sutis as diferenças entre existir e sobreviver, dado que tudo é orientado para satisfação e concretização de nossas necessidades orgânicas. Porém, quando não há luta para sobreviver, surge espaço e demandas para transcendências e transformações. Ir além da satisfação das necessidades é o que permite indagação. Ao fazer perguntas, o ser humano começa a filosofar, a ultrapassar o imediato, a buscar e descobrir sentidos e novos horizontes além das contingências. Ir além das circunstâncias, das contingências e do necessário é o que possibilita descobrimentos, o que endereça o humano para o infinito. Nesse sentido, fica claro por que o ser humano não deve ser reduzido a viver para comer, a lutar para se manter em pé, enfim, a sobreviver e ser iludido ou alimentado pelas ilusões de que é assim que se supera e realiza "esse vale de lágrimas".

Entregue a si próprio, sem limites a preencher ou negar, o indivíduo indaga, pergunta e descobre além das circunstâncias. Isso o transforma em existente, e é um processo que o coloca como determinante do sentido de sua existência. É a descoberta de si mesmo — sua infinita possibilidade relacional — que o humaniza, que faz perceber o outro como seu semelhante, que faz descobrir e transformar limites amortecedores de sua liberdade e possibilidade de mudança. O que o individualiza é não imitar, não ser mais um "elemento da manada".

Não questionar e acomodar-se permite apenas sobreviver, enquanto perguntar e buscar novas sendas estabelece liberdade. Trata-se da infinita possibilidade de se reconhecer, de descobrir, de existir indo além dos processos preestabelecidos para sua sedação, realização e sobrevivência. O ser humano é um sobrevivente com possibilidade de existente ou um existente com necessidade de sobrevivência. Tanto o nível de sobrevivência quanto o nível existencial lhe são intrínsecos: o da sobrevivência é o das necessidades, e o existencial é o das possibilidades. Como sobreviventes, nos adaptamos, como existentes, nos transformamos.[38]

Resumindo de uma maneira simples, podemos dizer que sobreviver é responder e existir é perguntar. A resposta pressupõe concordância ou discordância, enquanto a pergunta é a chave mestra que tudo abre, ilumina e explica. Como humanos, existimos; como animais, sobrevivemos contidos nas realizações e satisfações de nossas demandas orgânicas.

Rigidez perceptiva e movimento

Tudo muda, uma vez que nosso contexto de inserção é o movimento, a dinâmica que existe em tudo e entre

38 Sobre os conceitos de nível existencial e de sobrevivência em meu trabalho, ver o capítulo "Nível existencial, contemplativo, nível de sobrevivência", em *Terra e ouro são iguais: percepção em Psicoterapia Gestaltista*. Rio de Janeiro. Zahar, 1993. p. 41.

todos. O movimento, o processo e a mudança são constantes. No nível perceptivo, o que é percebido é passível de reversibilidade, pois também está submetido ao movimento. A relação Figura-Fundo, que define o processo perceptivo, é a própria reversibilidade. Percebemos *x* no contexto *z*, assim como percebemos *z* no contexto *x*. É exatamente essa reversibilidade que cria contradições à necessidade de constância e regularidade.

Deter o impermanente estabelecendo regras e dogmas é querer dominar o que é aberto, o que é fluido. Esse desejo decorre do autorreferenciamento polarizado em conforto/desconforto, a partir do qual toda e qualquer coisa é percebida. É uma maneira de se sentir seguro e tranquilo para conviver com a reversibilidade e a fugacidade do presente, mas também se constitui em obstáculo para o que ocorre. São sistemas de avaliação do que vale a pena e do que deve ser evitado, que funcionam como uma mediação impermeabilizadora entre o que ocorre e o que é percebido. Os acontecimentos são contextualizados assim. Por exemplo, uma pessoa que constrói uma imagem para ser considerada e aceita desenvolve medo de ser vista como inadequada. Qualquer coisa a ameaça, ela não suporta ironias e brincadeiras são percebidas como denúncias. Quanto maior o autorreferenciamento, maior o posicionamento no que está sob o próprio controle. Achar que tudo deve dar certo — expectativas — e sofrer com fracassos ilustra essas vivências autorreferenciadas, nas quais o indivíduo se sente isolado e abandonado.

Vida psicológica é vida perceptiva. Ficar diante do mundo sem integrá-lo cria a vivência do sujeito separado do objeto. Essas distorções são frequentes, tanto no nível pessoal quanto nos conceitos construtores de filosofias e ciências responsáveis pela configuração do humano. Não estamos diante do mundo nem do outro, estamos no mundo com o outro. Não há como separar, destacar o intrínseco relacional, embora se possa perceber enquistamentos responsáveis por isolamento e determinantes de autorreferenciamento. A rigidez perceptiva e a falta de antíteses criam uma parede, um anteparo por meio do qual tudo é percebido, gerando isolamento, automatismos, fragmentações, inquietações e sofrimentos. E quando se busca a psicoterapia é fundamental perceber que não se têm problemas, mas que se é o problema, que a solução só pode ser atingida quando o problema é questionado e percebido de outra forma — percebendo que ele não é aderência, por exemplo. Portanto, a solução só é alcançada quando se recupera o movimento, saindo da estaticidade do autorreferenciamento. Assim pensando, a reversibilidade e a dinâmica se instalam e as contradições são enfrentadas.

A instabilidade é uma consequência do movimento, pois é ele que permite considerá-la, vivenciá-la ou até mesmo questioná-la. No contexto do movimento, a instabilidade é constante. Quando determinamos estabilização, nos posicionamos, e ao fazer isso criamos antíteses criadoras de instabilidade.

Geralmente vivenciamos a instabilidade como realização da possibilidade de superação. Estamos falando daquele momento quando pensamos "enfim cheguei". É o que se atinge, é a segurança. Quando atingir é assim percebido e configurado surgem avaliações, medos, desejos e ansiedade. Essas vivências geram instabilidade, levando à desestruturação, ao medo de perder o adquirido, à necessidade de organizar ameaças. São certezas e ameaças que funcionam como terremotos que desestabilizam e criam inquietações. Nesse contexto, inquietação é exatamente o que se denomina instabilidade.

A falta de certeza quanto à continuidade e o medo de perder são a instabilidade sempre existente quando algum objetivo ou desejo é alcançado. Para superar esses torvelinhos e esses imprevistos se estabelecem marcos, tais como situações profissionalizantes (trabalho) e de bem-estar com o outro (casamentos, parcerias). Tudo isso pode possibilitar segurança, poder, riqueza que neutralizam a instabilidade. Acontece que quando se busca antídotos, remédios e amuletos a busca é infinita e sempre aparece algo que precisa ser evitado: doença, cataclismos sociais, guerras, por exemplo, ou, no final, o medo da própria morte. E assim se passa a viver em função de evitá-la, os médicos viram profetas, amigos e curadores. Tudo pode se constituir em magia para estabilizar, e, nesse sentido, o que mais propicia neutralização do medo é o poder e o dinheiro. Ao pensar assim, o indivíduo nega toda sua estrutura e possibilidade orgânica do estar no mundo, ele abandona imanências ao transformá-las em subproduto no qual todas as próteses e engenharias podem ser operadas e controladas. É o enrijecimento, a realização de propósitos e segurança a qualquer preço, inclusive em detrimento da própria humanidade, pois ela virou subproduto para arranjos, práticas e soluções.

Quando tudo é entendido como dinâmica e energia não se sabe se o que acontece está apenas acontecendo, não se sabe o antes e o depois, pois não há continuidade. Para estar no mundo com o outro enquanto possibilidade relacional não é necessário arrumar e organizar para se situar, e isso é bem diferente das realizações necessárias e contingentes dos próprios desejos e necessidades. Incerteza é o não saber. Quando o não saber é vivenciado como algo diferente de uma constatação, ele se torna incerteza. Não saber é uma certeza, mas se é continuado enquanto verificação e dúvida, transforma-se em um problema. Qualquer situação que não se esgote em si mesma, que continue, encontra outros contextos de referência, de relacionamentos, e passa a ser uma nova situação na qual nada está definido enquanto propósitos anteriores estruturantes.

Confiar no que se acredita estrutura certezas. Vivenciar essas certezas cria continuidades, estabelecendo, assim, contextos nos quais pode haver diferenciação do que significa enquanto semelhanças ou disparidade. Essas vivências permitem destacar e personalizar relacionamentos. A insegurança diária cria malabaristas que fazem qualquer coisa para sobreviver. O medo, a dúvida, a esperteza e os enganos são constantes. O engano estabelece as vivências cotidianas nas quais nada é garantido, mas tudo é explicado. É o passe de mágica para situar e determinar o acaso. Nesse contexto, é necessário saber jogar e driblar todas essas variações. Nada é definitivo e tudo pode acontecer, pois não se sabe o que está acontecendo. É o enigma do cotidiano embrulhado pelas motivações e conveniências.

Um dos principais fundamentos da dialética hegeliana é: "Contradição é a regra da verdade, a não contradição é a regra do falso" (*Contradictio est regula veri, non contradictio falsi).*[39]

O desenvolvimento do que se evidencia implica sempre e necessariamente sua negação, é o equivalente a pensar que está aqui porque não está além, ou, ainda, é isto pois não é aquilo, é carvão porque não é neve, por exemplo. Ser isto ou não ser aquilo é uma maneira de definir e esgotar universos. A afirmação do que existe implica contradição, essa é a verdade dialética do movimento, da dinâmica e da totalidade. Ao perceber o relógio no pulso são contraditas outras configurações de relógio e de pulso para que se afirme o relógio no pulso, mas, ao afirmar que o relógio sempre está no pulso, essa é uma afirmação falsa, pois não admite contradição.

É infinito o número de situações atingidas quando utilizados esses critérios dialéticos para fatos psicológicos.

39 STEWART, Jon. *Miscellaneous Writings of G. W. F. Hegel.* Evanston: Northwest University Press, 2002. p. 171.

Vejamos alguns exemplos: o principal lugar da mesa na sala de jantar é ocupado apenas pelo pai. Essa é uma afirmação falsa, pois não admite contradição. Os filhos são sempre cuidados e amados, isso assim expresso sem admissão de contradição é também uma afirmação falsa. Portanto, definições ou raciocínios sobre a vida ou o comportamento são verdadeiros se expressarem contradição; essa é a dinâmica dos processos. Quando qualquer processo é ensinado, percebido e afirmado como definitivo, a afirmação é falsa, visto que não admite contradição. Na esfera social vemos que todos os preconceitos são falsos; eles, por definição, são considerados afirmações categóricas e absolutas sem contraditórios. As ideias preconceituosas de que a mulher é inferior ao homem ou a da existência de raças inferiores ou superiores não permitem contradição, pois são colocadas como imperiosas e definitivas (preconceitos), são, consequentemente, estabelecidas em premissas falsas, julgamentos apriorísticos e, assim sendo, não são verdadeiras.

Psicologicamente, quando alguém se sente deprimido e não vê solução ou mudança, a existência dessa impossibilidade de contradição transforma o próprio sentir-se deprimido em falsidade. O mesmo se aplica às inúmeras vivências de felicidade nas quais não cabe contradição. Enfim, perceber uma situação desvinculada de seus contextos imobilizada em sua dinâmica cria um caudal de falsidades. Exatamente nesse ponto lembro de Marx, que, inspirado por Hegel, afirmou que "tudo que é sólido desmancha no ar".[40] É regra, ensinamento, vida, mudança, é o que dá perspectiva ao estar no mundo com os outros. Essa é a permanente transitoriedade do existir, do ser assim, do estar aqui com o outro.

Vida é sucessão, é decorrência virando fonte, como já propunham os biólogos, ou como, em outra conceituação: ela é mudança. Negar essa dinâmica e inventar que tudo converge e depende de absolutismos, de origens, de Deus ou de deuses é mais uma maneira de negar ao homem seu mundo, sua possibilidade de existir e coexistir em processos. Vida é o estabelecimento contínuo sempre atingido por infinitas variáveis e contradições.

O desespero diante do inexorável: aceitação ou revolta com os limites da vida

Perceber o limite desespera, e saber que a partir desse momento, dessa situação, nada mais pode ser feito é desolador. Essas vivências são frequentes quando se assiste à morte de pessoas queridas, assim como quando se percebe a iminência de algum desastre ou de um assalto, por exemplo. Essas são experiências que comportam

40 BERMAN, Marshall. *Tudo que é sólido desmancha no ar*. São Paulo: Companhia das Letras, 2007. p. 111.

lapsos, ou seja, intervalos gerados pela velocidade do que atropela, do que sentencia.

Saber que algum dia morreremos é uma verdade que nos situa e que às vezes comprime e congestiona, mas, de tão verdadeira, não mais espanta. Vale comentar esse aspecto. A verdade, o irredutível, o irremediável, por pior que seja, não espanta. É o definitivo, é limite e é base. Situa, suporta, e consequentemente não oprime, não derruba, pois permite que nela se caminhe. Delimitar possibilidades e impossibilidades é o que nos constitui e nos humaniza. Essa aceitação de limites neutraliza o desespero de, quando não há saída, desejar.

Substituir a falta pela expectativa de suprir ou de melhorar e conseguir gera ansiedade. A ansiedade é o novo chão, o aparente não limite criado pelo desejar, para assim estabelecer parâmetros, pontos e situações a partir das quais tudo fica maravilhoso, luminoso e feliz. Ela é uma das vivências mais comuns quando não se aceita o limite, a realidade, o presente, quando não se aceita o que acontece. A não aceitação do limite e da realidade cria o faz de conta, estabelece os pontos de felicidade e de infelicidade caso tais situações aconteçam, se realizem, ou não aconteçam, não se realizem. Exemplo contundente disso é expresso pela ilusória frase: "se eu fosse..." (rico, belo, inteligente, vitorioso, melhor que os outros etc.). A atitude de tentar conseguir é desenfreada. Sequer surgem perguntas como por que tenho que ser isso? Tenho que conseguir para quê? As respostas estão impressas nos torvelinhos dos próprios desejos. Querer ser rico, belo e poderoso, por exemplo, é uma busca, um anseio, mas é também a própria chave, a resposta que tudo abriga. Essa desesperada e ansiosa mistura entre o que quer ser e o que não é cria tensão, ressentimento e gera ansiedade, pois ao desejar ser o que não se é o indivíduo se nega, rejeita e critica o que é, se destrói e vira pó, cinzas do que foi, buscando ser recomposto no suposto e desejado resultado: o paraíso buscado.

Destruir-se para conseguir, assim como procurar ser diferente do que é e do que vivencia para encaixar e realizar palavras, rótulos e experiências valorizadas, é desumanizador. É como se houvesse um acerto: a destruição do que existe para conseguir ser outra pessoa. Presenciamos, cotidianamente, inúmeros exemplos dessa atitude devastadora quando pessoas, no anseio de deixarem de ser pobres e tornarem-se ricas, ignoram ou escondem seus limites e dificuldades, mudam forçosamente situações, status, os próprios corpos, viram outros, enfim. Se deseja o que falta, mas no afã de preencher a falta, traem-se a si mesmas. Inevitavelmente surgem devastação, dificuldades relacionais e problemas, pois não se muda preenchendo, só se muda antagonizando contradições. Antagonizar contradições significa fazê-las confluir para o tempo e contexto presentes. Em outras palavras, só se resolve o que tiraniza e desagrada mergulhando nas contradições, nas fragmentações, isto é, globalizando, açambarcando o que acontece e maleficia.

Correr atrás de resultados e melhoras sem se dedicar aos problemas é um engano, é arrasador, não soluciona as dificuldades e esvazia. Gera desejos de se livrar do mal, do que deprime e angustia, e assim cria desesperados, desejosos à busca de soluções. Acontece que procurar soluções sem equacionar os dados problemáticos é fazer de conta que resolve problemas. É viver em um mundo de fantasia, adiando o inexorável enfrentamento dos próprios limites e não aceitações, aprofundando a gravidade das próprias problemáticas. Agir sem se deter nos motivadores de nossos comportamentos, sem questionar o que queremos, desejamos e buscamos, aliena e esvazia. A vida é transformação constante, e nesse movimento é necessário questionar-se. O questionamento é salutar, é salvador. Ao se questionar, descobrem-se inúmeras questões não aceitas que foram abandonadas e se tornaram criadoras de ilusões como as de que a beleza, a riqueza e o amor realizado podem substituir toda e qualquer situação, por exemplo.

Toda vez que os limites e obstáculos são percebidos apenas como meio social ou falta de perspectivas estamos diante de indivíduos com diversas vivências que oscilaram de não saída em não saída. São pessoas que transformaram a vida em uma corrida de obstáculos.

Ao perceber a continuidade do existir, o movimento, a transformação, a mudança percebemos também que não existem limites. Aceitar a transitoriedade é aceitar o limite e assim neutralizá-lo. Essa é a grande magia que se descobre ao aceitar impossibilidades e possibilidades, transformações e transcendências.

Bibliografia

ARNHEIM, Rudolf. *El pensamiento visual*. Buenos Aires: Editorial Universitaria de Buenos Aires, 1971.

AYER, A. J. *The Problem of Knowledge*. London: Penguin Books, 1956.

BAKHTIN, Mikhail. *Marxismo e filosofia da linguagem*. São Paulo: Hucitec, 1999.

BEARDSLEE, David; WERTHEIMER, Michael. *Readings in Perception*. New York: D. Van Nostrand Company, Inc., 1964.

BERMAN, Marshall. *Tudo que é sólido desmancha no ar*. São Paulo: Companhia das Letras, 2007.

BRÉHIER, Émile. *Histoire de la Philosophie*. Paris: Presses Universitaires de France, 1967. t. I: l'Antiquité et le Moyen Age.

BRÉHIER, Émile. *Histoire de la Philosophie*. Paris: Presses Universitaires de France, 1967. t. II.

BRENTANO, Franz. *Psychologie du point de vue empirique*. Paris: Aubier Éditions Montaigne, 1944.

CAMPOS, Vera Felicidade Almeida. *Psicoterapia Gestaltista:* conceituações. Rio de Janeiro: edição da autora, 1972.

CAMPOS, Vera Felicidade Almeida. *Mudança e Psicoterapia Gestaltista*. Rio de Janeiro: Zahar, 1978.

CAMPOS, Vera Felicidade Almeida. *Individualidade, questionamento e Psicoterapia Gestaltista*. Rio de Janeiro: Alhambra, 1983.

CAMPOS, Vera Felicidade Almeida. *Relacionamento:* trajetória do humano. Salvador: edição da autora, 1988.

CAMPOS, Vera Felicidade Almeida. *Terra e ouro são iguais:* percepção em psicoterapia gestaltista. Rio de Janeiro: Zahar, 1993.

CAMPOS, Vera Felicidade Almeida. *Desespero e maldade:* estudos perceptivos. Relação figura-fundo. Salvador: edição da autora, 1999.

CAMPOS, Vera Felicidade Almeida. *A questão do Ser, do Si Mesmo e do Eu*. Rio de Janeiro: Relume-Dumará, 2002.

CAMPOS, Vera Felicidade Almeida. *A realidade da ilusão, a ilusão da realidade*. Rio de Janeiro: Relume-Dumará, 2004.

CAMPOS, Vera Felicidade Almeida. *Linguagem e Psicoterapia Gestaltista:* como se aprende a falar. São Paulo: Ideias & Letras, 2015.

CAMPOS, Vera Felicidade Almeida. *Como perceber e transformar a neurose:* Psicoterapia Gestaltista. São Paulo: Labrador Universitário, 2017.

CAMPOS, Vera Felicidade Almeida. *Autismo em perspectiva na Psicoterapia Gestaltista*. São Paulo: Ideias & Letras, 2024.

CAMPOS, Vera Felicidade Almeida. *Emparedados pelo vazio:* bem-estar e mal-estar contemporâneos. São Paulo: Labrador, 2025.

CAMUS, Albert. *O mito de Sísifo*. Rio de Janeiro: Record, 2004.

CARVALHO, Vicente de. *Poemas e canções*. 14. ed. São Paulo: Saraiva, 1950.

CASSIRER, Ernst. *El problema del conocimiento en la filosofía y en la ciencia moderna, I y II*. Ciudad de México: Fondo de Cultura Económica, 1953.

CASSIRER, Ernst. *Filosofía de las formas simbólicas I*. Ciudad de México: Fondo de Cultura Económica, 1985.

CASSIRER, Ernst. *A Filosofia das Formas Simbólicas II*. São Paulo: Martins Fontes, 2004.

CASSIRER, Ernst. *Filosofía de las Formas Simbólicas III*. Ciudad de México: Fondo de Cultura Económica, 1998.

DAMÁSIO, António. *O erro de Descartes:* emoção, razão e o cérebro humano. São Paulo: Companhia das Letras, 1996.

DAMÁSIO, António. *O mistério da consciência*. São Paulo: Companhia das Letras. 2000.

DAMÁSIO, António. *Em busca de Espinosa:* prazer e dor na ciência dos sentimentos. São Paulo: Companhia das Letras, 2004.

DESCARTES, René. *O discurso do método*. São Paulo: Abril, 1973 (Os Pensadores, v. XV).

FISHER, Max. *A máquina do caos:* como as redes sociais reprogramaram nossa mente e nosso mundo. São Paulo: Todavia, 2023.

GUYER, Paul. *Kant*. Tradução exclusiva do Companion da Cambridge University Press. Tradução de Cassiano Terra Rodrigues. São Paulo: Ideias & Letras, 2009.

GUIGNON, Charles B. *et al. Heidegger*. Tradução exclusiva do Companion da Cambridge University Press. Tradução de Luis Gabriel Provinciatto. São Paulo: Ideias & Letras, 2024.

HEIDEGGER, Martin. *Ser e tempo: parte I*. Petrópolis: Vozes, 1988.

HEIDEGGER, Martin. *Ser e tempo: parte II*. Petrópolis: Vozes, 1989.

HENLE, Mary (org.). *The Selected Papers of Wolfgang Köhler*. New York: Liveright, 1971.

HUME, David. *Tratado da natureza humana*. São Paulo: Editora Unesp, 2009.

HUSSERL, Edmund. *La Crise des sciences européennes et la phénoménologie transcendentale*. Paris: Gallimard, 1976.

KANT, Immanuel. *Crítica da razão pura*. Lisboa: Fundação Calouste Gulbenkian, 1994.

KOCH, Sigmund *et al. Psychology*: a Study of a Science. London: McGraw Hill Book Company, 1959. v. 1: Sensory, Perceptual, and Physiological Formulations.

KOCH, Sigmund *et al. Psychology*: a Study of a Science. London: McGraw Hill Book Company, 1959. v. 2: General Systematic Formulations, Learning, and Special Processes.

KOCH, Sigmund *et al. Psychology*: a Study of a Science. London: McGraw Hill Book Company, 1959. v. 3. Formulations of the Person and the Social Context.

KOCH, Sigmund *et al. Psychology*: a Study of a Science. London: McGraw Hill Book Company, 1962. v. 4: Biological Oriented Fields: Their Place in Psychology and in Biological Science.

KOCH, Sigmund *et al. Psychology*: a Study of a Science. London: McGraw Hill Book Company, 1963. v. 5: The Process Areas, the Person, and Some Applied Fields: Their Place in Psychology and in Science.

KOCH, Sigmund *et al. Psychology*: a Study of a Science. London: McGraw Hill Book Company, 1963. v. 6: Investigations of Man as Socius: Their Place in Psychology and the Social Sciences.

KOFFKA, Kurt. *Principios de psicología de la forma.* Buenos Aires: Editorial Paidós, 1953.

KÖHLER, Wolfgang. *The Place of Value in a World of Facts.* New York: Meridian Books, 1959.

KÖHLER, Wolfgang. *Psychologie de la forme*. Paris: Éditions Gallimard, 1964.

LEWIN, Kurt. *Psychologie dynamique:* les relation humaines. Paris: Presses Universitaires de France, 1964.

LOCKE, John. *Ensayo sobre el entendimiento humano*. Ciudad de México: Fondo de Cultura Económica, 1956.

MANDLER, Jean M.; MANDLER, George. *Thinking:* from Association to Gestalt. New York: John Wiley & Sons, 1964.

MICHOTTE, A. *et al. Causalité, permanence et réalité phénoménales:* études de psychologie expérimentale. Paris: Publications Universitaires de Louvain, 1962.

STAM, H. J. Theory and Practice. *In:* TOLMAN, Charles *et al. Problems of Theoretical Psychology*. Ontario: Captus University Publications, 1995.

STEWART, Jon. *Miscellaneous Writings of G. W. F. Hegel*. Evanston: Northwest University Press, 2002.

STRASSER, Stephan. *Phenomenology and the Human Sciences*. Pittsburgh: Duquesne University Press, 1963.

THOMSON, Robert. *The Psychology of Thinking*. London: Penguin Books, 1966.

WERTHEIMER, Max. Laws of Organization in Perceptual Forms. *In*: ELLIS, Willis D. *A Source Book of Gestalt Psychology*. London: Routledge & Kegan Paul, 1969.

WITTGENSTEIN, Ludwig. *Tratado lógico-filosófico:* investigações filosóficas. Lisboa: Fundação Calouste Gulbenkian, 1995.

WITTGENSTEIN, Ludwig. *Le Cahier bleu et le Cahier brun*. Paris: Gallimard, 1996.

WITTGENSTEIN, Ludwig. *Investigações filosóficas*. São Paulo: Fósforo, 2022.

WITTGENSTEIN, Ludwig. *Sobre a certeza*. São Paulo: Fósforo, 2023.

FONTE Minion Pro e Gotham
PAPEL Pólen Natural 80g/m²
IMPRESSÃO Paym

FSC
www.fsc.org
MISTO
Papel produzido
a partir de
fontes responsáveis
FSC® C133282